THE
INVESTING

THE
INVESTING

개인투자자들에게 10루타 잭팟을 선사한 '반전율'의 모든 것

THE
INVESTING

디 인베스팅

박완필 지음

트러스트북스

**책을 읽기 전 궁금증으로
목말라하는 독자들을 위한 메시지**

단순, 강력, 새로운 투자법 '반전율'로
투자인생의 반전을 꿈꾸라

인터뷰어 : 기획총괄 윤장래 / 인터뷰이 : 저자 박완필

Q 먼저 가장 궁금한 점부터 질문을 드리겠습니다. 이 책에서 '반전율'을 이용한 투자기법을 최초로 공개하셨는데, 반전율의 의미가 무엇인가요?

A 단순하면서도 강력하고 새로운 주식투자 기법이죠. 반전율은 여러분이 잘 아시는 이동평균선이나 일목균형표와는 전혀 다릅니다. 이평선만 보던 투자자에게는 낯설고 처음 보는 투자법일 것입니다. 엘리어트 파동이론을 근간으로 제가 정립한 투자법으로, 실전 매매에서 활용가능하도록 법칙을 세운 것입니다.

쉽게 말해 반전율이란 떨어지는 주가가 어느 지점에서 상승으로 반전을 하는가, 올라가던 주가가 어느 지점에서 저항에 부딪혀 반전되는가를 다룹니다. 단순하게 반전하는 시점과 비율을 의미하던 반전율을 실전매매에 지속적으로 적용하여 분석한 결과 놀라운 결실을 보여준 것입니다.

Q 흥미롭습니다. 하락하던 주가가 어느 지점에서 상승으로 반전되는가, 상승하던 주가가 어느 지점에서 하락으로 반전되는가는 어떤 의미에서 투자의 전부라고 할 수 있겠는데요, 반전율에 대해 좀더 자세히 설명해 주십시오.

A 기존 파동이론이 시간이 진행됨에 따라 등락파동을 분석하는 횡적이론이라면 반전율은 종적이론입니다. 차트의 등락, 즉 종적으로(수직으로) 나눠서 분석하죠. 그러니 중요한 등락의 비율(33%, 50%, 66%)에 해당하는 가격, 즉 명확한 매매타이밍이 나옵니다. 10만원짜리 주식도 원단위까지 정확한 반전주가와 타이밍을 도출할 수 있습니다.

반전율은 상승했다가 얼마나 꺾이느냐, 하락했다가 얼마나 반등하느냐, 2가지 관점이 있습니다. 즉 올라갔던 주식이 얼마나 꺾이면 어느 지점에서 사야 하는가, 또 내려갔다가 얼마가 오르면 돌파가 된 것이고, 돌파지점에서 사도 되는가를 다루죠.

내려가던 주식을 반전율을 활용해 잡는 방법은 증시의 오랜 격언인 '떨어지는 칼날은 잡지 마라'는 말을 뒤집습니다. 반전율을 활용하면 떨어지는 칼날도 잡을 수 있다는 것이죠. 주가란 일정 부분 반등을 해야 의미 있는 시세가 나오기 때문에 어느 정도 반등해야 살 것인가를 다루고, 또 어느 정도 주가가 오르면 저항이 존재하는데, 이 지점은 뚫기가 어렵죠. 하지만 반전율은 뚫어내면 큰 시세가 나오는 지점을 말해줍니다.

반전율은 거대한 차트의 흐름에서 몇 개의 선만 있기 때문에 그 폭이 굉장히 큽니다. 반면 이평선은 간격이 좁고 촘촘하죠. 복잡하고 헷갈리며 정확도가 확률적으로 떨어질 수밖에 없습니다. 하지만 반전율은 나무가 아닌 숲을 말합니다.

가령 1만 원짜리가 10만 원이 되었을 경우, 이 큰 상승폭을 3등분으로 나누면 각 비율, 반전율 주가 간의 시세폭이 매우 크겠죠. 등락폭이 커도 결정적인 반전율 가격인 3개의 포인트에 집중하고 의미 있는 자리에서만 매매에 들어가는 겁니다.

어떤 투자자가 5일선이 지지될 것으로 여기고 샀는데, 5일선이 깨지면 20일선을 보고 또 깨지면 60일선 이런 식으로 주가를 판단하죠. 하지만 반전율은 의미 있는 하나의 점만을 가리킵니다. 주식은 많기 때문에 이곳에 와 있는 종목만 매매하면 되죠. 그러면 큰 시세를 도모할 수 있습니다. 머리 아프게 이평선을 쫓아다니며 매매할 필요가 없습니다.

일반적인 투자법은 일봉, 주봉, 거래량 등 참고할 지표가 너무 많습니다. 물론 저도 거래량은 참고합니다. 어느 한 종목을 사고 싶은데 이평선은 들어갈 자리가 너무 많습니다. 5일선, 20일선, 60일선, 일봉, 주봉, 월봉. 무엇이 정답인지 결과를 얻기가 매우 어렵습니다.

Q 반전율의 가장 큰 장점은 무엇인가요?

A 먼저 하락하는 종목들을 과감하게 잡을 수 있는 용기가 생깁니다. 떨어지던 주가가 어느 지점에서 반전이 되는지 알기 때문에 과감한 승부가 가능해지죠. 사실 반전율을 알고 나면 주가가 폭락하는 상황이 더 좋습니다. 폭락은 주가가 빠른 속도로 싸지는 기간이죠. 위기를 기회로 활용할 수 있다고 할까요. 주가가 어디까지 떨어질지 짐작할 수 있으니까요. 주가가 저점을 잡고 올라오면 어디에서 들어갈 것인지를 알 수 있습니다. 또한 주가가 어느 지점에서 저항을 받을지도 미리 알 수 있습니다.

이평선과 보조지표를 이야기하는 책이나 기법은 이미 홍수를 이루고 있습니다. 하지만 이들은 모두 시계열로 나가는 횡적 움직임만을 보여줍니다. 하지만 투자자들은 언제 사느냐, 언제 파느냐, 그리고 얼마나 싸게 사느냐를 알고 싶죠. 핵심은 그것입니다. 그 정보를 보여주는 것이 바로 반전율입니다. 식상한 차트분석을 단 하나의 반전율로 새롭게 가격이론을 정립했다고 생각합니다.

또한 이평선이나 보조지표는 항상 후행적입니다. '지나보니 그랬다'는 투자자에게 그 어떤 의미도 주지 않습니다. 반면 반전율은 가격의 후행성과 상관없이 조정 받을 때 주가가 나아갈 방향을 미리 알려줍니다. 과거가 아닌 미래를 암시한다는 것이 가장 큰 장점이자 특징이죠.

반전율은 투매가 나오는 상황에서 좋은 주식을 살 수 있는 단 몇 개의 가격을 제시해줍니다. 1/3, 1/2, 2/3 지점은 자주 오지 않죠. 그 지점을 정확히 짚기 때문에 매매가 편하고 성공확률도 높아지죠.

차트는 눈속임이 많습니다. 몰입하면 할수록 혼란만 가중됩니다. 하지만 반전율은 신비로운 가격을 제시해 줍니다. 저 자신도 깜짝 놀랍니다. 떨어지던 주가가 딱 거기서 멈추는 모습을 보면 카타르시스가 느껴질 때도 있습니다. 물론 다 그렇지는 않지만, 많은 종목이 반전율의 틀 안에서 움직입니다.

혹시 여러분이 반전율을 낯설어 하고 반신반의할 수 있다고 생각되어, 책의 맨 처음 부분에 회원들의 수익률을 공개하였습니다. 일반적인 이평선의 논리나 보조지표로는 1년에 수익 100%도 너무나 힘들죠. 하지만 반전율로는 지난 1년 6개월도 되지 않은 기간에 계좌 1000%가 나왔고, 수백%는 기본이었습니다.

———

Q 반전율은 많은 투자자들이 이미 사용하고 있나요?

A 누구도 반전율을 사용하는 것을 본 적은 없습니다. 황금율이라고 해서 주가를 1/3, 1/2로 나누는 경우는 있지만, 이를 활용해 임상실험을 하고 실전에서 적용하는 경우는 없었습니다.

———

Q 그동안 손실만 보던 투자자들에게 '반전율'은 대단한 반전을 선사하겠군요.

A 반전율은 분명 대단한 인사이트를 줍니다. 길을 잃고 안갯속을 헤매는 투자자에게 갑자기 어디선가 강한 섬광이 나타나 갈 길을 알려준다고 할까요. 그만큼 반전율은 단순하면서도 강력하고, 대단한 투자성과를 내게 합

니다. 이론에서 끝나지 않고 실전에 곧바로 적용이 가능합니다. 이론은 강하지만 개인투자자들이 실전에서 써먹을 수 없다면 좋은 기법이라 할 수 없겠죠. 반전율은 실체가 없는, 즉 이론에 불과한 기법이 아닙니다. 이미 수많은 임상시험을 거쳤고, 실제 많은 투자자들의 꿈을 현실로 이루게 한, 손만 뻗으면 곧바로 잡히는 기법입니다. 그러니 현재 자신의 방법이 손실만 누적시키는 것이라면, 이번 기회에 반전율로 투자인생의 반전을 이루시기 바랍니다.

Q 그럼 '반전율'은 누구나 이해 가능한가요? 개념이 어렵게 느껴지는 투자자도 있을 것 같습니다.

A 그럼요. 누구나 이해할 수 있고, 활용도 가능합니다. 그것을 넘어 누구나 활용해야 합니다. 더 이상 투자로 돈을 잃지 않으려면 반전율을 활용해 더 이상 잃지 않아야 하고, 나아가 텐배거의 꿈을 이뤄야 합니다. 투자를 하면서 부러움만 가지고 살 수는 없죠. 남들이 부러워하는 투자자가 되어야 합니다. 반전율로 욕심을 내보시기 바랍니다. 당신을 성공의 길로 안내할 것입니다. 이미 많은 회원들이 증명했던 것처럼요.
그리고 반전율은 어렵지 않습니다. 반전율은 단순하고 강력하다고 말씀 드렸죠. 쉽지만 당신의 투자세계를 단숨에 바꿔줄 수 있습니다. 반전율을 얼마나 신뢰하고 투자에 활용하는가도 성공을 가르는 핵심이 될 것입니다. 내가 이걸로 끝을 본다는 생각으로 반전율과 씨름을 해보시기 바랍니다. 안개가 걷히고 길이 보일 겁니다.

Q 반전율 하나면 이제부터는 투자에 탄탄대로가 열리겠군요. 반전율 활용에 있어서 투자자들이 유의해야 할 사항이 있을까요?

A 강한 비책을 들고 있더라도 노력은 필수입니다. 책을 한 번 읽고 다 알면 좋겠지만, 이해가 되지 않으면 반복해서 읽으며 자기것으로 만들어야 비로소 실전에 활용할 수 있습니다. 투자란 한 번의 선택이 큰 결과를 가져오는 경우가 많기 때문에 무엇보다 신중해야 하고, 반전율 역시 내가 다 안다는 자만심으로 적당히 써먹으려고 해서는 안 됩니다. 개념을 충실히 이해한 후 조심스럽게 투자에 활용하면서 적응해 가야 합니다. 이 과정을 거치면 개인투자자들도 얼마든지 실전활용이 가능합니다.

또한 투자에서는 통찰력 혹은 직관력이 중요합니다. 반전율을 활용한다 하더라도 시장의 중심이 되는 종목을 골라야 더 큰 효과를 낼 수 있습니다. 중심이 되는 종목이란 시장을 끌고가는 주도업종을 말하겠죠. 주도업종이 무엇이 될 것인가를 미리 알아보고 길목을 지켜 매수를 하면 효과가 배가 되겠죠. 통찰력과 직관력은 타고난 측면이 있지만, 노력을 통해 극복할 수 있습니다. 하루이틀이 아니라, 1년이고 2년이고, 10년이고 오랫동안 시장을 관찰하면서 위에서부터 밑으로(Top Down) 시장을 매일 체크하는 노력이 필요합니다.

Q 반전율은 중장기매매에만 활용가능한가요?

A 단기매매도 가능하고(분봉 활용), 중기매매도 가능합니다. 그러나 되도록 단기매매보다는 중기매매에 활용하는 게 올바른 투자방법이라 생각합니

다. 또한 반전율은 가격이 존재하는 모든 차트에 적용할 수 있습니다. 코스피지수, 코스닥지수, 삼성전자 등 종목차트, 미국의 지수와 종목, 전세계 어느 국가의 차트에도 사용할 수 있습니다. 환율, 금시세 등도 물론 적용할 수 있죠.

———

Q 평생에 걸쳐 이룩한 대단한 성과를 왜 공개하시게 되었는지요?

A 인생의 한 마디를 점검하고 싶은 마음이 컸고, 투자로 어려움을 겪는 분들에게 작은 도움이나마 드리고 싶어서입니다. 반전율을 책을 통해 소개할 수 있어서 저에게도 큰 기쁨입니다. 지난 몇 년간의 임상결과가 실패로 돌아갔거나, 회원들의 계좌가 수백퍼센트씩 폭발적으로 증가하지 못했다면, 감히 이곳에 공개하지 못했겠죠. 결실을 맺은 기법이기 때문에 자신 있게 공개할 수 있었습니다. 저 자신에게도, 이 책을 읽는 독자분들에게도 모두 기쁜 일이기에 즐거운 마음으로 집필할 수 있었습니다.

———

Q 매일 새벽 2시에 일어나서 '스마트리포트'를 작성하신다고 알고 있습니다. 과연 무엇 때문에 그토록 열심히 노력하시는지요?

A 제 자신에 대한 채찍입니다. 매일 새벽 2시, 정말 쉽지 않죠. 하지만 투자의 세계에 발을 들여놓은 이상 제대로 투자하려면 사전에 필수적으로 해야 할 일들이 있습니다. 이 책에서 탑다운 방식의 투자를 제시했는데, 내가 관심을 가진 종목의 차트만 봐서는 성과를 낼 수 없습니다. 위에서부터 아래로 좁혀 와야 종목을 제대로 볼 수 있죠. 매일 200~250페이지 분

량의 PPT를 작성합니다. 그것이 바로 스마트리포트죠. 여기에는 글로벌 경제상황부터, 주요 뉴스, 업종과 섹터별 특이사항, 주요 기업들의 이슈들이 빼곡히 정리되어 있습니다. 종목 하나를 사더라도 이처럼 사전에 철저한 준비가 되어 있어야 합니다. 따라서 저에게는 너무나 당연한 일상입니다. 누구에게 보이기 위한 것만이 아니라, 누가 시키지 않아도 투자를 함에 있어 항상 해야 할 일을 하고 있을 뿐입니다. 그 시간들이 쌓이다 보니저 자신에게도 큰 성장이 있었습니다. 저를 믿고 따라와주시는 회원들에게도 당연히 큰 보탬이 되는 일이고요. 비록 힘든 건 사실이지만, 투자를 그만두지 않는 한 계속해서 해야 할 일입니다.

또 한 가지 말씀드리고 싶은 것은 '심리적 안정'입니다. 매일 이처럼 꾸준히 준비를 하면 심리적으로 단단해집니다. 충분히 준비한 후 하루를 맞이하기 때문에 그날 주식시장에서 어떤 일이 일어나도 심리적으로 흔들리지 않고 굳건히 예정된 방향대로 나아갈 수 있습니다.

———

Q 조금은 결이 다른 질문을 드려보겠습니다. 현대인들이 왜 투자를 해야 하나요?

A 투자에는 은퇴가 없습니다. 한번 내것이 되면 평생직장을 제공합니다. '나이가 찼으니 이제 그만 집으로 돌아가 쉬라'는 말을 듣지 않아도 됩니다. 투자의 길을 잘 가고 있다면, 심지어 '이제 그만 쉬라'는 말을 들어도 두렵지 않습니다. 자연스럽게 제2의 인생으로 승부를 보면 되겠죠. 이 책에서 공개한 반전율이 많은 분들에게 평생직장을 선물하는 비책이 되기를 바랍니다.

투자를 해야 하는 또 하나의 이유는, 은퇴는 빨라지고 인생은 길어졌기 때문입니다. 돈을 써야 할 곳은 나날이 늘어나기만 합니다. 인생을 풍요

롭게 살기 위해서는 월급만으로는 힘듭니다. 사업가나 자영업자도 마찬가지입니다. 돈이 나오는 파이프라인을 하나라도 더 만들어두면 큰 힘이 됩니다. 한참 일할 나이에 은퇴를 해야 하고, 남은 인생은 길어도 너무 길죠. 그 냉혹한 현실 앞에서 기죽지 않으려면 제갈량의 비책처럼 우리를 지탱해줄 강력한 힘을 가진 무언가가 필수입니다. 바로 투자를 해야 하는 이유죠. 이제 누구나 투자를 해야 합니다. 은퇴자금을 은행에 맡겨봐야 요즘은 기본적인 생활비도 나오지 않습니다. 돈을 잠자게 해서는 안 됩니다. 열심히 굴려서 돈이 일하게 만들어야 하고, 그래야 돈이 자라서 큰 산을 이루게 됩니다. 투자라는 과정이 없이는 여러분의 자산에 극적인 반전이 일어나기가 쉽지 않은 요즘입니다.

그렇다고 이 책을 덮자마자 투자하라는 의미는 아닙니다. 신중하게 생각하고, 잘 준비해서 속이 차오르면 과감히 투자를 시작하십시오.

인간의 지혜와 노력으로 자산운용업계와 금융컨설턴트로서 살아온 지난 20여 년의 삶, 그 삶을 돌아보면 인간의 재능과 노력들이 진정한 결과물로 만들어지는 데는 인생의 가치를 선한 곳에 두어야 한다는 하나님의 말씀과 그 도우심이 절대적임을 확인하는 나날들이다. 우리의 짧은 지혜로는 할 수 없는 일들이 지천이다. 아니 우리 힘만으로는 그 무엇도 온전한 결과물을 만들어낼 수 없다. '구슬도 꿰어야 보배'라는 속담처럼 구슬을 꿰는 핵심은 바로 하나님이 주시는 가치관과 생각, 도우심이다. 이 책을 통해 겸허한 이 마음을 밝혀두는 바이다.

코로나19는 세계사의 한 페이지를 장식하고 있는 대공황이나 2차대전과 종종 비교된다. 그만큼 인류사에 차지하는 비중이 큰 일대 사건이다. 이 거대한 질병이 지구촌을 강타하면서 모든 일상이 바뀌었다. 몇년 전 메르스를 겪으며 보이지 않는 바이러스의 공포를 일부 경험한 적이 있었지만, 코로나19는 당시와는 차원이 다르다. 전세계적으로, 그것도 장기간 바이러스가 확산되면서 확진자와 사망자 수가 웬만한 전쟁을 훨씬 능가하는 수준이다. 세계경제와 증시, 소비와 생산활동은 모두 패닉상황에 빠져들었고 특히 보건의료체계에서 선진국이라 일컫는 미국, 유럽의 무력한 대응은 더욱 좌절감을 느끼게 했다. 선진국이라 자만하던 일부 국가들도 이번 사태를 겪으면서 재앙의 결과를 겸손한 마음으로 바라볼 수밖에 없게 되었다.

짧은 시간 동안 많은 것들이 바뀌었지만, 그중 하나는 투자를 대하는 개인들의 자세와 마음가짐이다. 긴 안목을 가지고 우량주 중심으로 개인들의 자금이 역대 최대 수준으로 몰리고 있다. 부동산에서 주식으로 투자 관점이 바뀐 경우도 많다. 좋은 변화라 생각한다. 우리나라의 경제 수준에 맞게 선진국형으로 바뀐 전략적인 포지션의 변화라고 평가할 수 있다.

나는 과거 약 20년간 기관투자자로서 주식, 채권, 파생상품 등 펀드를 운용하였고 현재는 개인투자자들을 상대로 매매를 리딩하는 전문가의 삶을 살고 있다. 이 책을 쓰기 시작한 시점은 2018년 말부터였다. 그렇다고 오로지 책 쓰기에 매달린 것은 아니었다. 책을 쓴 기간은 짧고 집중적이었다. 이미 써야 할 내용들은 머릿속에 모두 정리되어 있었기 때문이다.

다만 그동안은 주식에 대한 대중의 관심도가 높지 않아 출간을 미뤄오다가, 최근 코로나19로 인한 폭락과 폭등장을 거치면서 개인들의 주식에 대한 관심도가 폭발적으로 증가하였고, '동학개미운동'이라는 별칭이 붙을 정도로 적극적이고 열정적인 개인투자자들의 수가 늘어나면서 이 책을 마무리해야겠다는 다짐을 하게 되었다. 때맞춰 출판사로부터 책을 내보자는 제안도 받았다. 그래서 최근의 코로나 상황까지 대입하여 책을 마무리할 수 있었다.

기관투자자로서 쌓아왔던 오랜 경험을 개인투자자의 매매에 접목하면서 점차 수익에 자신감이 커졌다. 동시에 그동안 내가 체계화한 이론과 기술적 분석틀을 원고로 정리해야 한다는 필요성을 절감하였다. 시간이 흐르면 의욕도 떨어지고 기억도 가물가물해진다. 눈코뜰새 없는 바쁜 일상의 연속이지만, 이럴 때일수록 없는 시간을 짜내서라도 주식시장에서 보고 배우고 느끼고 정리하고 체계화한 것들을 보기좋은 한 권의 책으로 묶어 개인적으로도 인생의 한 마디를 점검하는 숙성의 시간을 가짐과 동시에, 투자의 길을 몰라 엉뚱한 길목에서 헤매고 서성이는 숱한 투자자들에게 한줄기 빛이라도 힌트를 주고자 한다.

2020년 3~4월은 10년에 한 번 올까말까한 대변동의 시기였다. '이렇게까지 떨어질 수가 있는가'라는 깊고 뜨거운 한숨이 채 식기도 전에 '이렇게까지 계속 올라도 되는가'라는 감탄이 꼬리를 물었다. 그래서 원고를 다시 손질하다보니 역시 주식은 시류의 게임과도 같아서 당시 참고했던 자료나 종목의 차트는 한참 옛날처럼 느껴져 대부분 다시 손봐야 했다. 내용의 핵심골격은 그대로지만, 초고를 썼던 당시와는 많은 부분들이 바뀌었음을 알린다. 그만큼 주식은 하루하루 바뀌는 생명체와 같다.

초고를 썼던 때와 달라진 것이 하나 더 있다. 드라마틱하고 극적인 변화가 있었는데, 바로 나의 매매를 따라와주시는 개인투자자들의 수익이다.

지나와서 다시 보니 비현실적으로 보이기까지 한다. 약 1년 3개월의 기간 동안 계좌수익률이 무려 950%, 다시 말해 수익이 원금의 거의 열 배에 도달하는 눈부신 수익을 거두신 회원이 계실 뿐 아니라, 그동안 함께하신 수백 명 회원들의 평균 수익이 수백%에 달한다.

나무를 헤쳐나올 때는 몰랐으나 뒤돌아 숲을 보니 거대한 산을 넘었음을 확인할 수 있었다. 매순간 최선을 다한 결과물이라 생각한다. 따라서 그동안은 소수에게만 허락되었던 나의 비책을 이제는 대중들의 참여가 늘어나는 시점에 맞춰 보다 좋은 방향으로 영향을 끼치고자 하는 바람으로 다시 의욕을 갖고 원고를 최근 상황까지 고려하여 업데이트하였다.

한참 연애에 열을 올리던 젊은 시절, 연애편지를 쓰고 난 다음날 내가 쓴 편지를 다시 보면 그 유치함에 치를 떨며 편지를 구기고 찢어버리는 경험이 있을 것이다. 원고도 마찬가지다. 고민 끝에 쓴 원고지만 시간이 지나고 보면 부족함만 느끼게 된다. 그럼에도 불구하고 책을 내기로 결심한 이유는, 우리는 불완전하고 미완성의 인간이라는 겸손함이 오히려 용기를 주기 때문이다. 겸손을 무기로 과감히 책을 내기로 했으니 이 책을 읽는 분들도 이해하는 마음으로 읽어주시기를 바란다.

또한 두서없는 부분이나 가끔은 논리적인 비약이 있더라도 핵심내용을 중심으로 판단해주시고 큰 틀에서 도움이 되시길 바라는 바이다.

성공적인 투자자가 되기 위해서는 단순히 투자기법이나 분석요령을 터득하는 것만이 중요한 것은 아니다. 더 좋은 결과를 내기 위해서는 잘 정제되고 절제된 과정 그리고 적중률 높은 결과가 수반되어야 한다. 나는 이 점을 염두에 두고 그동안 정립해 온 생각들을 경험적 접근법과 함께 담았다.

"Back to the basic"이라는 말이 있다. 투자에서 한번 무너지고 나면 심각한 트라우마에 시달리고, 자신감마저 퇴색된다. 그러면서 투자의 기본이 무너지고 막연한 비관론이 팽배해진다. 이런 시기에 가장 적절한 도우미가 바로 책이다. 책은 무엇보다 자신을 돌아보게 하고, 다시금 빌드업과 백투더 베이직을 통해 무엇이 진정 투자수익의 핵심 키워드인지, 그리고 투자자 스스로 새롭게 일어서게 하는 요체가 무엇인지 깨닫게 한다.

나는 이 책을 통해 투자자들이 기술적인 면은 물론이고, 심리적인 면에서 스스로 다지고 강하고 굳건하게 일어설 수 있는 토대를 제공하고자 한다. 손실을 입은 투자자가 너무 많은 이 시기에 많은 투자자들이 수익으로 강력하게 반전에 성공하는 터닝 포인트가 되기를 바란다. 그런 욕심을 담아 이 책을 기술하였다.

2018~2019년은 투자자를 매우 힘들고 지치게 하는 대세하락기였다. 2020년은 회복을 기대하고 시작한 시점에 코로나19라는 사상 최대의 전염병과 패닉장세가 강타하여 주식을 분석하는 많은 사람들에게 큰 어려움을 주었다. 하지만 어려움만 준 것은 아니었다. 10년에 한 번 올까말까한 대단한 실전적 경험, 즉 임상 데이터를 풍부하게 가지고 수익을 향해 도전할 수 있는 좋은 임상시험과도 같은 시기이기도 했다. 책을 쓰는 입장에서도 좋은 시기라고 여겨진다.

대세상승기나 장세가 좋은 시기에는 누구나 확률적으로 좋은 성과를 낼 수 있다. 하지만 체계적 일관성을 가진 방법이 폭락기에도 수익을 크게 낼 수 있게 한다면, 이는 험난한 장세에 검증받은 단단하고 강력한 비법이 될 것이다. 그렇기에 이 책에 기술한 나의 방법이 투자자에게 큰 효과를 발휘할 것이라는 자신감을 피력해 본다.

시장은 패러다임이 거대한 포물선을 그리며 바뀌어가는 과정에 있다. 인공지능이 시장에 깊숙이 개입하기 시작하면서 과거 알고리즘 투자를 변형한 기계적 투자가 매수와 매도 시그널을 동시에 집중시켜 뉴욕증시에서는 그리 크지 않은 이슈들에도 매매시그널이 집중된 병목현상이 빚어내는 극단적 매수 매도가 변동성을 최대한 키우고 있다.

인간들이 스스로 심리적인 제어와 결단을 통해 매매하던 시기에는 볼 수 없었던 수많은 과격한 시세흐름이 자주 등장한다. 그러나 이런 현상은 주로 지수와 관련된 대형주의 인덱스매매에 많이 적용되고 있다고 본다.

여전히 기계가 담당할 수 없다고 보여지는 창의적 영역의 투자는 인간에게 주신 신의 재능에 의존할 수밖에 없다. 부디 이 책이 그동안 잠들어 있던 당신의 대단한 잠재력을 일거에 깨우고 일으켜 세우는 촉매제가 되기를 바란다.

저자 박완필

THE INVESTING
차례

투자는 집중력과 지수를 이겨내는 진정한 주도주의 선별,

수익을 이루어가는 전략적 사고에서 출발한다.

그래야 큰 성공들을 만들어갈 수 있다.

이 책을 통해 그 방법론을 최대한 쉽게 풀어가려고 한다.

많은 이들에게 큰 도움이 되기를 바란다.

THE INVESTING

1부

반전율을 향한
이론편

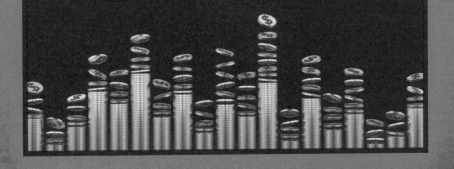

1장

종목이 아닌
계좌 수익률 최고 1000%,
평균 수백%,
그 과정을 공개한다

성과를 증명하는 데 있어서 실전성과보다 더 좋은 사례는 없다고 판단한다. 책의 초반에 그동안의 성과를 공개하여, 독자들의 집중도를 높이고자 한다. 여러분도 다음에 소개하는 계좌들처럼 꿈을 현실로 바꾸는 텐배거 투자자가 되기를 바란다.

지난 약 16개월간 한국경제TV와 와우넷을 통해 개인투자자들과 함께 최악의 악재들이 증시를 뒤흔든 시기를 통과하였다. 이 시기 핵심적인 전략포인트를 그대로 실현하여 회원들(회원제 방송서비스)의 수익 최대 1000%, 가입시기에 따라 다르지만 수백%의 계좌수익률을 공통적으로 경험하고 있다는 점을 공개하고자 한다. 구체적으로 진행된 실전매매 자료와 그 속에 회원들의 시기시기마다 자신의 수익에 대한 고백과 반응들을 계속 확인하는 방송 채팅창의 소감들을 통해 이 과정을 실감있게 확인할 수 있다. 이 과정에서 회원들은 큰 수익을 거두었고, 나는 투자에 적용한 핵심적인 기술적 기법인 황금률(혹은 반전율)의 적극적 활용성을 확인하게 되었다. 먼저 10배 수익이 나는 시간의 흐름을 회원들의 매매소감과 함께 확인하기 바란다. 회원들의 이름은 모두 필명이다. 10루타수익에 가장 먼저 도달한 '홍8**2'님은 2018년 12월 20일부터 회원으로 가입하였다.

				박완필대표 스마트리포트
홍**2	2008-12-20	2019-06-23	6개월	6개월 (기획한정) 180만원

[14:47] 유연한대역전: 도화, 유신, 한국종합기술이 설계 삼총사
[14:47] 홍 8112: 47%
[14:48] 주월: 안녕하세요
[14:48] 범민문동: 도화9,000원애 사고 어제 9,700원에 추가해서 평균 9,350원에 매수했습니다
[14:48] 황 소 22: ___ 단타인가요
[14:48] 연못 e: ㅉㅉㅉㅉ축하합니다.
[14:48] 홍 8112: 에
[14:48] ms0915: 저도 40% 넘었어요
[14:48] ms0915: 훅갈대 비중중요
[14:49] 황 소 22: 매도했어요
[14:49] 하니바다: 도화엔지니어링 8800원 매수 45프로 매도 감사합니다
[14:49] 럭키보이8: 감사합니다 캐시 자동 차감 되네요
[14:50] 유연한대역전: 세계적 국내 토목 엔지니어링 회사는 단3곳이다보니 섹타자체가 품절섹타됨
[14:50] 황 소 22: 아난티어저죠
[14:50] 안드레: 가입후 1주일 내내 100만원씩 벌었습니다
[14:50] 홍 8112: 가입해서 21일에 47%수일 너무 좋아요 ___ 도 매수했어요

◀ 알림
좌측은 실제 채팅화면, 이후 가독성을 위해 디자인 편집

홍82** : 47%

범민*동 : 도화 9,000원에 사고 어제 9,700원에 추가해서 평균 9,350원에 매수했습니다.

황*22 : 단타인가요

연*e : ㅉㅉㅉㅉ 축하합니다.

홍82** : 에

Ms0*15 : **저도 40% 넘었어요.**

Ms0*15 : 혹 갈 때 비중 중요

황*22 : 매도했어요

하*바다 : 도화엔지니어링 8,800원 매수 45프로 매도 감사합니다.

유연*대역전 : 세계적 국내 토목 엔지니어링 회사는 단 3곳이다 보니 섹타 자체가 품절섹터됨.

안*레 : 가입 후 1주일 내내 100만원씩 벌었습니다.

홍82 : 가입해서 21일에 47% 수익 너무 좋아요.**

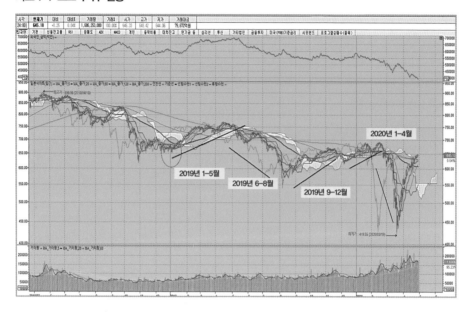

가입 후 3주가 지난 시점에 처음 보는 회원이 계좌수익 47%를 공개하였다. 이분은 회원 가입 전 40%의 계좌손실을 입은 상태였다. 그 시기를 포함하여 증시는 코스닥지수를 기준으로 위와 같이 엄청난 격동기를 겪는다. 일본의 반도체소재 수출규제 등 일본과의 갈등, 코로나19의 대유행으로 지수는 사상 유례없는 폭락을 거듭했다.

그리고 첫 수익률에 기뻐하던 그 채팅 이후 수익률은 강력한 터보행진을 보여준다. 물론 내가 문자메시지로 매매를 이끌고 그에 따른 결과이지만 워낙 강력한 적중과 급등에 나조차도 놀라지 않을 수 없었다. 회원들도 놀라기는 마찬가지였다.

‖ 2019년 1월17일자 방송 채팅 ‖

홍8**2 : 기다리면 되요. 단시간에 큰수익 대박이죠.

Ms0*15 : 빙고

홍8**2 : 33년 주식생활 단시간 수익 만만치 않아요.

홍8**2 : **22일간 78% 수익**

‖ 2019년 1월21일자 방송 채팅 ‖

광*9 : **저도 50프로 수익은 났어요. 2주만에요.**

홍8**2 : 회원님 파이팅

홍8**2 : 대표님 시황이 최고

홍*재 : 이보다 더 큰 수익이 있을까요

홍8**2 : 있어요.

홍8**2 : **수익 113%**

h도*36 : 대표님은 하나님이 함께 하시는 게 느껴져요.

태*3330 : 수익 감사합니다.

h도*36 : 저도 제이엔캐이는 70%예요.

홍8**2 : 일진 대박. 27% 이익 매도

‖ 2019년 1월23일자 방송 채팅 ‖

즙*목표 : 신입분들 리딩대로만 잘따라오셔요. 그럼 수익 납니다.

홍8**2 : 대표님 판단이 최고

즙*목표 : 무조건 리딩대로만

즙*목표 : 그럼 대박 납니다.

홍8**2 : **109%**

‖ 2019년 1월24일자 방송 채팅 ‖

홍8**2 : 날마다 수익입니다

주식*신 : 부럽네요.

홍8**2 : <u>127%</u>

은*0012 : 정말 대단하십니다

‖ 2019년 1월25일자 방송 채팅 ‖

jm*8089 : 박대표님 1년 넘게 지켜봤지만 절대 챗 안 잠그고 공개함. 믿음신뢰가 굿임

jm*8089 : 전 무방회원 1년째 ㅋㅋ

홍8**2 : **시간 없어서 지금 들어와서요. 대표님 수익률 폭발했어요. 142%**

‖ 2019년 1월28일자 방송 채팅 ‖

주식*신:홍님은 행운도 따르네요

홍8**2 : 네

홍8**2 : 방금 매수했어요

h도*36 : 역시 홍님은 대박

홍8**2 : 추가 매수했어요

홍8**2 : 12%

홍8**2 : <u>**156% 수익이에요**</u>

‖ 2019년 1월30일자 방송 채팅 ‖

h도*36 : 고치려고 많이 노력하고 있어요

h도*36 : 매번 못다라서 후회하고 있어요

홍8**2 : **안녕하세요. 2일 동안 방송에 참여 못했어요. 병원이동 때문에 문자대로… <u>172%</u> 수익중입니다**

60대 중반인 홍8**2님은 약 10여년 동안 딸을 간병하며 병원비 충당을 위해 투자를 시작했고, 병원에서 바쁘게 움직이면서도 문자를 통해 매매를 실행하였다.

2019년 1월, 도대체 어떤 일이 있었기에 이런 결과가 나왔을까? 폭풍수익이라는 말이 딱 어울린다. 나는 모든 매매를 엑셀자료로 데이터를 남기며 진행하고 있다. 1억의 계좌를 가진 회원이 매매한 경우를 가정하고, 증권사 수수료와 세금을 차감하여 순수익을 산출한다. 여러분은 수익금액을 먼저 확인하고 원금에 더해진 이익의 합계금액이 다시 재투자되었을 경우를 한번 계산해보기 바란다. 여기서는 굳이 복리효과까지 계산하지는 않고 모든 매매리딩(매매를 문자로 제시하는 것)만 표기하였다.

종목	매도일	비중	실제 투자금액	수익율	수익금액	세금+ 수수료	실제 비용	비용 차감후	원금+이익
풍국주정	2018-12-18	10%	10,000,000	27.39%	2,739,000	0.330%	33,000	2,706,000	111,482,650
풍국주정	2018-12-18	10%	10,000,000	11.83%	1,183,000	0.330%	33,000	1,150,000	112,632,650
일진다이아	2018-12-19	10%	10,000,000	20.09%	2,009,000	0.330%	33,000	1,976,000	114,608,650
풍국주정	2018-12-19	10%	10,000,000	25.52%	2,552,000	0.330%	33,000	2,519,000	117,127,650
도화엔지니어링	2018-12-19	5%	5,000,000	-3.76%	-188,000	0.330%	16,500	-204,500	116,923,150
풍국주정	2018-12-20	5%	5,000,000	7.63%	381,500	0.330%	16,500	365,000	117,288,150
부광약품	2018-12-20	5%	5,000,000	3.23%	161,500	0.330%	16,500	145,000	117,433,150
에스엠	2018-12-28	10%	10,000,000	-4.67%	-467,000	0.330%	33,000	-500,000	116,933,150
일진다이아	2018-12-28	5%	5,000,000	5.14%	257,000	0.330%	16,500	240,500	117,173,650
이엠코리아	2018-12-28	10%	10,000,000	3.66%	366,000	0.330%	33,000	333,000	117,506,650
아난티	2018-12-28	5%	5,000,000	3.62%	181,000	0.330%	16,500	164,500	117,671,150
이엠코리아	2019-01-02	5%	5,000,000	14.19%	709,500	0.330%	16,500	693,000	118,364,150
이엠코리아	2019-01-02	5%	5,000,000	7.12%	356,000	0.330%	16,500	339,500	118,703,650

이엠코리아	2019-01-02	5%	5,000,000	5.40%	270,000	0.330%	16,500	253,500	118,957,150
풍국주정	2019-01-02	5%	5,000,000	5.97%	298,500	0.330%	16,500	282,000	119,239,150
풍국주정	2019-01-02	5%	5,000,000	6.71%	335,500	0.330%	16,500	319,000	119,558,150
풍국주정	2019-01-02	10%	10,000,000	2.42%	242,000	0.330%	33,000	209,000	119,767,150
풍국주정	2019-01-03	10%	10,000,000	5.54%	554,000	0.330%	33,000	521,000	120,288,150
풍국주정	2019-01-03	5%	5,000,000	1.42%	71,000	0.330%	16,500	54,500	120,342,650
일진다이아	2019-01-03	5%	5,000,000	6.50%	325,000	0.330%	16,500	308,500	120,651,150
도화엔지니어링	2019-01-04	5%	5,000,000	-13.44%	-672,000	0.330%	16,500	-688,500	119,962,650
아난티	2019-01-04	10%	10,000,000	1.22%	122,000	0.330%	33,000	89,000	120,051,650
에스엠	2019-01-08	10%	10,000,000	-2.07%	-207,000	0.330%	33,000	-240,000	119,811,650
풍국주정	2019-01-08	5%	5,000,000	7.80%	390,000	0.330%	16,500	373,500	120,185,150
일진다이아	2019-01-09	5%	5,000,000	4.39%	219,500	0.330%	16,500	203,000	120,388,150
경농	2019-01-09	5%	5,000,000	2.71%	135,500	0.330%	16,500	119,000	120,507,150
포스코엠텍	2019-01-09	5%	5,000,000	14.29%	714,500	0.330%	16,500	698,000	121,205,150
안트로젠	2019-01-09	10%	10,000,000	-1.44%	-144,000	0.330%	33,000	-177,000	121,028,150
좋은사람들	2019-01-10	5%	5,000,000	-3.70%	-185,000	0.330%	16,500	-201,500	120,826,650
뉴로스	2019-01-10	5%	5,000,000	1.76%	88,000	0.330%	16,500	71,500	120,898,150
풍국주정	2019-01-10	5%	5,000,000	8.70%	435,000	0.330%	16,500	418,500	121,316,650
일진다이아	2019-01-10	5%	5,000,000	6.96%	348,000	0.330%	16,500	331,500	121,648,150
포스코엠텍	2019-01-11	5%	5,000,000	9.12%	456,000	0.330%	16,500	439,500	122,087,650
성신양회	2019-01-11	5%	5,000,000	-0.79%	-39,500	0.330%	16,500	-56,000	122,031,650
미래컴퍼니	2019-01-11	5%	5,000,000	1.48%	74,000	0.330%	16,500	57,500	122,089,150
미래컴퍼니	2019-01-11	5%	5,000,000	3.71%	185,500	0.330%	16,500	169,000	122,258,150
고영	2019-01-11	5%	5,000,000	-1.55%	-77,500	0.330%	16,500	-94,000	122,164,150
에이스테크	2019-01-11	5%	5,000,000	-1.75%	-87,500	0.330%	16,500	-104,000	122,060,150
경농	2019-01-14	5%	5,000,000	22.69%	1,134,500	0.330%	16,500	1,118,000	123,178,150
포스코엠텍	2019-01-14	5%	5,000,000	18.11%	905,500	0.330%	16,500	889,000	124,067,150
풍국주정	2019-01-15	5%	5,000,000	6.84%	342,000	0.330%	16,500	325,500	124,392,650

풍국주정	2019-01-15	5%	5,000,000	11.11%	555,500	0.330%	16,500	539,000	124,931,650
풍국주정	2019-01-15	5%	5,000,000	11.97%	598,500	0.330%	16,500	582,000	125,513,650
경농	2019-01-15	5%	5,000,000	20.90%	1,045,000	0.330%	16,500	1,028,500	126,542,150
경농	2019-01-15	5%	5,000,000	18.66%	933,000	0.330%	16,500	916,500	127,458,650
포스코엠텍	2019-01-15	5%	5,000,000	19.69%	984,500	0.330%	16,500	968,000	128,426,650
일진다이아	2019-01-15	5%	5,000,000	4.39%	219,500	0.330%	16,500	203,000	128,629,650
인디에프	2019-01-15	5%	5,000,000	1.88%	94,000	0.330%	16,500	77,500	128,707,150
포스코엠텍	2019-01-15	10%	10,000,000	18.37%	1,837,000	0.330%	33,000	1,804,000	130,511,150
이엠코리아	2019-01-15	5%	5,000,000	4.38%	219,000	0.330%	16,500	202,500	130,713,650
일진다이아	2019-01-15	10%	10,000,000	4.03%	403,000	0.330%	33,000	370,000	131,083,650
뉴로스	2019-01-15	5%	5,000,000	-1.45%	-72,500	0.330%	16,500	-89,000	130,994,650
포스코엠텍	2019-01-15	5%	5,000,000	4.87%	243,500	0.330%	16,500	227,000	131,221,650
유한양행	2019-01-16	5%	5,000,000	0.80%	40,000	0.330%	16,500	23,500	131,245,150
미래컴퍼니	2019-01-16	5%	5,000,000	2.66%	133,000	0.330%	16,500	116,500	131,361,650
성신양회	2019-01-17	15%	15,000,000	-1.61%	-241,500	0.330%	49,500	-291,000	131,070,650
제이엔케이히터	2019-01-17	5%	5,000,000	16.15%	807,500	0.330%	16,500	791,000	131,861,650
뉴로스	2019-01-17	5%	5,000,000	8.70%	435,000	0.330%	16,500	418,500	132,280,150
유한양행	2019-01-17	10%	10,000,000	-1.31%	-131,000	0.330%	33,000	-164,000	132,116,150
제이엔케이히터	2019-01-17	5%	5,000,000	13.38%	669,000	0.330%	16,500	652,500	132,768,650
경농	2019-01-17	5%	5,000,000	1.49%	74,500	0.330%	16,500	58,000	132,826,650
포스코엠텍	2019-01-17	5%	5,000,000	-2.22%	-111,000	0.330%	16,500	-127,500	132,699,150
다원시스	2019-01-18	10%	10,000,000	-4.86%	-486,000	0.330%	33,000	-519,000	132,180,150
제이엔케이히터	2019-01-18	5%	5,000,000	7.23%	361,500	0.330%	16,500	345,000	132,525,150
인디에프	2019-01-18	5%	5,000,000	-1.98%	-99,000	0.330%	16,500	-115,500	132,409,650
일진다이아	2019-01-21	20%	20,000,000	22.10%	4,420,000	0.330%	66,000	4,354,000	136,763,650
포스코엠텍	2019-01-21	10%	10,000,000	5.47%	547,000	0.330%	33,000	514,000	137,277,650
뉴로스	2019-01-21	5%	5,000,000	7.58%	379,000	0.330%	16,500	362,500	137,640,150
포스코엠텍	2019-01-21	10%	10,000,000	-1.17%	-117,000	0.330%	33,000	-150,000	137,490,150

상아프론테크	2019-01-22	10%	10,000,000	5.16%	516,000	0.330%	33,000	483,000	137,973,150
풍국주정	2019-01-22	5%	5,000,000	-1.91%	-95,500	0.330%	16,500	-112,000	137,861,150
신원	2019-01-22	5%	5,000,000	-2.83%	-141,500	0.330%	16,500	-158,000	137,703,150
제이엔케이히터	2019-01-22	5%	5,000,000	2.61%	130,500	0.330%	16,500	114,000	137,817,150
다원시스	2019-01-22	5%	5,000,000	-5.74%	-287,000	0.330%	16,500	-303,500	137,513,650
풍국주정	2019-01-23	5%	5,000,000	-3.07%	-153,500	0.330%	16,500	-170,000	137,343,650
미래컴퍼니	2019-01-23	5%	5,000,000	-1.05%	-52,500	0.330%	16,500	-69,000	137,274,650
풍국주정	2019-01-23	10%	10,000,000	-6.18%	-618,000	0.330%	33,000	-651,000	136,623,650
경농	2019-01-24	10%	10,000,000	17.09%	1,709,000	0.330%	33,000	1,676,000	138,299,650
뉴로스	2019-01-24	10%	10,000,000	14.39%	1,439,000	0.330%	33,000	1,406,000	139,705,650
포스코엠텍	2019-01-24	10%	10,000,000	8.00%	800,000	0.330%	33,000	767,000	140,472,650
인디에프	2019-01-24	5%	5,000,000	-7.29%	-364,500	0.330%	16,500	-381,000	140,091,650
아시아종묘	2019-01-24	5%	5,000,000	5.75%	287,500	0.330%	16,500	271,000	140,362,650
포스코엠텍	2019-01-25	5%	5,000,000	4.30%	215,000	0.330%	16,500	198,500	140,561,150
포스코엠텍	2019-01-25	10%	10,000,000	6.29%	629,000	0.330%	33,000	596,000	141,157,150
엠씨넥스	2019-01-25	5%	5,000,000	2.93%	146,500	0.330%	16,500	130,000	141,287,150
테라젠이텍스	2019-01-25	5%	5,000,000	0.86%	43,000	0.330%	16,500	26,500	141,313,650
인지컨트롤스	2019-01-25	5%	5,000,000	8.78%	439,000	0.330%	16,500	422,500	141,736,150
뉴로스	2019-01-28	5%	5,000,000	8.81%	440,500	0.330%	16,500	424,000	142,160,150
동아지질	2019-01-28	5%	5,000,000	2.26%	113,000	0.330%	16,500	96,500	142,256,650
도화엔지니어링	2019-01-28	10%	10,000,000	5.33%	533,000	0.330%	33,000	500,000	142,756,650
도화엔지니어링	2019-01-28	5%	5,000,000	8.09%	404,500	0.330%	16,500	388,000	143,144,650
도화엔지니어링	2019-01-28	5%	5,000,000	8.88%	444,000	0.330%	16,500	427,500	143,572,150
네이처셀	2019-01-28	5%	5,000,000	8.70%	435,000	0.330%	16,500	418,500	143,990,650
에스티큐브	2019-01-29	5%	5,000,000	-0.64%	-32,000	0.330%	16,500	-48,500	143,942,150
대명코퍼레이션	2019-01-29	5%	5,000,000	-7.74%	-387,000	0.330%	16,500	-403,500	143,538,650
인지컨트롤스	2019-01-29	5%	5,000,000	4.61%	230,500	0.330%	16,500	214,000	143,752,650
동아지질	2019-01-29	10%	10,000,000	-1.90%	-190,000	0.330%	33,000	-223,000	143,529,650

뉴로스	2019-01-29	5%	5,000,000	-4.35%	-217,500	0.330%	16,500	-234,000	143,295,650
다원시스	2019-01-30	15%	15,000,000	-6.92%	-1,038,000	0.330%	49,500	-1,087,500	142,208,150
덕산네오룩스	2019-01-30	5%	5,000,000	4.97%	248,500	0.330%	16,500	232,000	142,440,150
유한양행	2019-01-30	10%	10,000,000	-0.63%	-63,000	0.330%	33,000	-96,000	142,344,150
성신양회	2019-01-30	5%	5,000,000	6.39%	319,500	0.330%	16,500	303,000	142,647,150
현대상사	2019-01-30	5%	5,000,000	-2.09%	-104,500	0.330%	16,500	-121,000	142,526,150
성신양회	2019-01-30	5%	5,000,000	5.92%	296,000	0.330%	16,500	279,500	142,805,650
다원시스	2019-01-31	5%	5,000,000	-7.80%	-390,000	0.330%	16,500	-406,500	142,399,150
에스에프에이	2019-01-31	15%	15,000,000	-1.62%	-243,000	0.330%	49,500	-292,500	142,106,650

한 달이 지났을 뿐인데 엄청난 이익이 쌓여 투자원금이 급증하였다. 이후 매매과정도 회원들의 반응과 함께 공개하겠다.

‖ 2019년 2월1일 설명절 전날 방송 채팅 ‖

태*3330 : 대표님 명절 잘 보내시고 올한 해 건강하시고 운수대통하세요

you* : 한달 수익은 몇% 보나요

유연*대역전 : 퍼센트는 잘 모르겠는데

유연*대역전 : 퍼센트는 잘 모르겠는데 어쨌든 1억 2천

★행복한*날★ : 헉 ㅉㅉㅉㅉㅉㅉㅉㅉ

you* : 와~~~

유연*대역전 : 1월 1억 2천만원

★행복한*날★ : 축하축하

▼ 2019년 2~6월 매매내역

종목	매도일	비중	실제 투자금액	수익율	수익금액	세금+ 수수료	실제 비용	비용 차감후	원금+이익
성신양회	2019-02-01	10%	10,000,000	2.68%	268,000	0.330%	33,000	235,000	142,341,650
AP시스템	2019-02-01	15%	15,000,000	-1.12%	-168,000	0.330%	49,500	-217,500	142,124,150
일신석재	2019-02-01	5%	5,000,000	14.44%	722,000	0.330%	16,500	705,500	142,829,650
일신석재	2019-02-01	5%	5,000,000	17.33%	866,500	0.330%	16,500	850,000	143,679,650
에코마이스터	2019-02-01	5%	5,000,000	2.47%	123,500	0.330%	16,500	107,000	143,786,650
덕산네오룩스	2019-02-01	5%	5,000,000	6.32%	316,000	0.330%	16,500	299,500	144,086,150
현대상사	2019-02-08	10%	10,000,000	5.27%	527,000	0.330%	33,000	494,000	144,580,150
성신양회	2019-02-11	5%	5,000,000	5.26%	263,000	0.330%	16,500	246,500	144,826,650
제이엔케이히터	2019-02-11	10%	10,000,000	-12.19%	-1,219,000	0.330%	33,000	-1,252,000	143,574,650
상아프론테크	2019-02-11	5%	5,000,000	-2.93%	-146,500	0.330%	16,500	-163,000	143,411,650
제이엔케이히터	2019-02-12	10%	10,000,000	-8.94%	-894,000	0.330%	33,000	-927,000	142,484,650
성신양회	2019-02-13	15%	15,000,000	-2.81%	-421,500	0.330%	49,500	-471,000	142,013,650
상아프론테크	2019-02-13	5%	5,000,000	-6.67%	-333,500	0.330%	16,500	-350,000	141,663,650
상아프론테크	2019-02-14	5%	5,000,000	-8.27%	-413,500	0.330%	16,500	-430,000	141,233,650
삼천당제약	2019-02-14	5%	5,000,000	1.42%	71,000	0.330%	16,500	54,500	141,288,150
동아지질	2019-02-14	10%	10,000,000	-14.48%	-1,448,000	0.330%	33,000	-1,481,000	139,807,150
동아지질	2019-02-14	10%	10,000,000	-13.57%	-1,357,000	0.330%	33,000	-1,390,000	138,417,150
대웅제약	2019-02-21	10%	10,000,000	-4.33%	-433,000	0.330%	33,000	-466,000	137,951,150
AP시스템	2019-02-21	5%	5,000,000	3.14%	157,000	0.330%	16,500	140,500	138,091,650
대웅제약	2019-02-22	10%	10,000,000	-5.29%	-529,000	0.330%	33,000	-562,000	137,529,650
AP시스템	2019-02-25	10%	10,000,000	8.71%	871,000	0.330%	33,000	838,000	138,367,650
고영	2019-02-25	10%	10,000,000	9.61%	961,000	0.330%	33,000	928,000	139,295,650
포스코켐텍	2019-02-25	10%	10,000,000	-2.93%	-293,000	0.330%	33,000	-326,000	138,969,650
원익IPS	2019-02-28	15%	15,000,000	-6.25%	-937,500	0.330%	49,500	-987,000	137,982,650
삼천당제약	2019-03-04	5%	5,000,000	6.01%	300,500	0.330%	16,500	284,000	138,266,650

네패스	2019-03-06	15%	15,000,000	3.01%	451,500	0.330%	49,500	402,000	138,668,650
덕산네오룩스	2019-03-06	15%	15,000,000	-3.73%	-559,500	0.330%	49,500	-609,000	138,059,650
안트로젠	2019-03-06	10%	10,000,000	2.33%	233,000	0.330%	33,000	200,000	138,259,650
웹케시	2019-03-07	5%	5,000,000	7.19%	359,500	0.330%	16,500	343,000	138,602,650
에코마케팅	2019-03-07	5%	5,000,000	3.33%	166,500	0.330%	16,500	150,000	138,752,650
웹케시	2019-03-07	10%	10,000,000	16.17%	1,617,000	0.330%	33,000	1,584,000	140,336,650
알테오젠	2019-03-07	10%	10,000,000	8.18%	818,000	0.330%	33,000	785,000	141,121,650
삼천당제약	2019-03-08	10%	10,000,000	1.13%	113,000	0.330%	33,000	80,000	141,201,650
바이넥스	2019-03-08	5%	5,000,000	1.56%	78,000	0.330%	16,500	61,500	141,263,150
카카오	2019-03-08	20%	20,000,000	-0.46%	-92,000	0.330%	66,000	-158,000	141,105,150
엘비세미콘	2019-03-12	5%	5,000,000	17.57%	878,500	0.330%	16,500	862,000	141,967,150
엘비세미콘	2019-03-12	10%	10,000,000	17.73%	1,773,000	0.330%	33,000	1,740,000	143,707,150
신세계I&C	2019-03-12	5%	5,000,000	3.56%	178,000	0.330%	16,500	161,500	143,868,650
네패스	2019-03-13	5%	5,000,000	9.84%	492,000	0.330%	16,500	475,500	144,344,150
엘비세미콘	2019-03-13	5%	5,000,000	1.43%	71,500	0.330%	16,500	55,000	144,399,150
삼천당제약	2019-03-13	5%	5,000,000	8.45%	422,500	0.330%	16,500	406,000	144,805,150
경동나비엔	2019-03-13	5%	5,000,000	5.85%	292,500	0.330%	16,500	276,000	145,081,150
경동나비엔	2019-03-13	10%	10,000,000	7.45%	745,000	0.330%	33,000	712,000	145,793,150
테라젠이텍스	2019-03-13	10%	10,000,000	7.49%	749,000	0.330%	33,000	716,000	146,509,150
노바렉스	2019-03-14	10%	10,000,000	0.85%	85,000	0.330%	33,000	52,000	146,561,150
엘비세미콘	2019-03-14	5%	5,000,000	-4.93%	-246,500	0.330%	16,500	-263,000	146,298,150
안트로젠	2019-03-15	15%	15,000,000	-4.07%	-610,500	0.330%	49,500	-660,000	145,638,150
삼천당제약	2019-03-15	15%	15,000,000	2.76%	414,000	0.330%	49,500	364,500	146,002,650
코엔텍	2019-03-19	5%	5,000,000	0.90%	45,000	0.330%	16,500	28,500	146,031,150
경동나비엔	2019-03-19	10%	10,000,000	-0.54%	-54,000	0.330%	33,000	-87,000	145,944,150
바이넥스	2019-03-20	10%	10,000,000	-7.81%	-781,000	0.330%	33,000	-814,000	145,130,150
코엔텍	2019-03-20	5%	5,000,000	0.34%	17,000	0.330%	16,500	500	145,130,650
보령제약	2019-03-20	10%	10,000,000	-5.47%	-547,000	0.330%	33,000	-580,000	144,550,650

클리오	2019-03-22	5%	5,000,000	1.88%	94,000	0.330%	16,500	77,500	144,628,150
클리오	2019-03-25	5%	5,000,000	0.80%	40,000	0.330%	16,500	23,500	144,651,650
엘비세미콘	2019-03-28	10%	10,000,000	6.15%	615,000	0.330%	33,000	582,000	145,233,650
유니테스트	2019-03-28	5%	5,000,000	-6.78%	-339,000	0.330%	16,500	-355,500	144,878,150
하나머티리얼즈	2019-03-29	10%	10,000,000	-7.25%	-725,000	0.330%	33,000	-758,000	144,120,150
이엠코리아	2019-04-01	5%	5,000,000	1.48%	74,000	0.330%	16,500	57,500	144,177,650
한국콜마	2019-04-03	20%	20,000,000	-5.50%	-1,100,000	0.330%	66,000	-1,166,000	143,011,650
삼성에스디에스	2019-04-04	5%	5,000,000	0.97%	48,500	0.330%	16,500	32,000	143,043,650
엘비세미콘	2019-04-08	5%	5,000,000	-0.11%	-5,500	0.330%	16,500	-22,000	143,021,650
삼성에스디에스	2019-04-08	35%	35,000,000	-0.11%	-38,500	0.330%	115,500	-154,000	142,867,650
미래컴퍼니	2019-04-08	5%	5,000,000	-9.02%	-451,000	0.330%	16,500	-467,500	142,400,150
네패스	2019-04-09	5%	5,000,000	17.85%	892,500	0.330%	16,500	876,000	143,276,150
미래컴퍼니	2019-04-09	5%	5,000,000	-9.61%	-480,500	0.330%	16,500	-497,000	142,779,150
테크윙	2019-04-09	5%	5,000,000	-1.90%	-95,000	0.330%	16,500	-111,500	142,667,650
오파스넷	2019-04-09	5%	5,000,000	-3.11%	-155,500	0.330%	16,500	-172,000	142,495,650
신대양제지	2019-04-10	5%	5,000,000	-3.56%	-178,000	0.330%	16,500	-194,500	142,301,150
RFHIC	2019-04-11	15%	15,000,000	-3.15%	-472,500	0.330%	49,500	-522,000	141,779,150
엠씨넥스	2019-04-12	5%	5,000,000	2.83%	141,500	0.330%	16,500	125,000	141,904,150
에이디테크	2019-04-12	5%	5,000,000	-0.99%	-49,500	0.330%	16,500	-66,000	141,838,150
에치에프알	2019-04-12	5%	5,000,000	3.87%	193,500	0.330%	16,500	177,000	142,015,150
엘비세미콘	2019-04-15	10%	10,000,000	1.79%	179,000	0.330%	33,000	146,000	142,161,150
네오팜	2019-04-16	5%	5,000,000	-3.51%	-175,500	0.330%	16,500	-192,000	141,969,150
네패스	2019-04-17	5%	5,000,000	22.16%	1,108,000	0.330%	16,500	1,091,500	143,060,650
테크윙	2019-04-17	5%	5,000,000	10.27%	513,500	0.330%	16,500	497,000	143,557,650
케이아이엔엑스	2019-04-17	5%	5,000,000	12.31%	615,500	0.330%	16,500	599,000	144,156,650
SBS	2019-04-18	5%	5,000,000	-3.02%	-151,000	0.330%	16,500	-167,500	143,989,150
인크로스	2019-04-18	5%	5,000,000	-3.95%	-197,500	0.330%	16,500	-214,000	143,775,150
SBS	2019-04-19	10%	10,000,000	-6.57%	-657,000	0.330%	33,000	-690,000	143,085,150

테크윙	2019-04-22	5%	5,000,000	12.17%	608,500	0.330%	16,500	592,000	143,677,150
테스나	2019-04-23	5%	5,000,000	17.39%	869,500	0.330%	16,500	853,000	144,530,150
원익IPS	2019-04-23	5%	5,000,000	1.63%	81,500	0.330%	16,500	65,000	144,595,150
알테오젠	2019-04-23	10%	10,000,000	-2.08%	-208,000	0.330%	33,000	-241,000	144,354,150
에이디테크	2019-04-24	5%	5,000,000	-10.47%	-523,500	0.330%	16,500	-540,000	143,814,150
원익IPS	2019-04-24	5%	5,000,000	-1.33%	-66,500	0.330%	16,500	-83,000	143,731,150
원익IPS	2019-04-26	5%	5,000,000	-2.44%	-122,000	0.330%	16,500	-138,500	143,592,650
미래컴퍼니	2019-04-30	10%	10,000,000	-7.85%	-785,000	0.330%	33,000	-818,000	142,774,650
ISC	2019-04-30	5%	5,000,000	12.15%	607,500	0.330%	16,500	591,000	143,365,650
에스앤에스텍	2019-04-30	5%	5,000,000	-0.76%	-38,000	0.330%	16,500	-54,500	143,311,150
케이아이엔엑스	2019-05-02	5%	5,000,000	-3.52%	-176,000	0.330%	16,500	-192,500	143,118,650
와이솔	2019-05-09	10%	10,000,000	-3.80%	-380,000	0.330%	33,000	-413,000	142,705,650
쏠리드	2019-05-09	15%	15,000,000	9.46%	1,419,000	0.330%	49,500	1,369,500	144,075,150
카카오	2019-05-10	20%	20,000,000	0.78%	156,000	0.330%	66,000	90,000	144,165,150
케이아이엔엑스	2019-05-10	5%	5,000,000	-7.52%	-376,000	0.330%	16,500	-392,500	143,772,650
인크로스	2019-05-13	5%	5,000,000	-12.20%	-610,000	0.330%	16,500	-626,500	143,146,150
드림텍	2019-05-14	8%	7,500,000	20.19%	1,514,250	0.330%	24,750	1,489,500	144,635,650
인크로스	2019-05-14	5%	5,000,000	-14.36%	-718,000	0.330%	16,500	-734,500	143,901,150
쏠리드	2019-05-14	10%	10,000,000	0.64%	64,000	0.330%	33,000	31,000	143,932,150
네패스	2019-05-14	5%	5,000,000	31.05%	1,552,500	0.330%	16,500	1,536,000	145,468,150
드림텍	2019-05-15	5%	5,000,000	1.29%	64,500	0.330%	16,500	48,000	145,516,150
KEC	2019-05-15	5%	5,000,000	6.67%	333,500	0.330%	16,500	317,000	145,833,150
에이치엘사이언스	2019-05-15	5%	5,000,000	-1.98%	-99,000	0.330%	16,500	-115,500	145,717,650
에코마케팅	2019-05-15	5%	5,000,000	9.04%	452,000	0.330%	16,500	435,500	146,153,150
쏠리드	2019-05-15	5%	5,000,000	8.74%	437,000	0.330%	16,500	420,500	146,573,650
드림텍	2019-05-15	5%	5,000,000	-4.18%	-209,000	0.330%	16,500	-225,500	146,348,150
엘비세미콘	2019-05-15	5%	5,000,000	15.52%	776,000	0.330%	16,500	759,500	147,107,650
텔코웨어	2019-05-16	5%	5,000,000	-1.13%	-56,500	0.330%	16,500	-73,000	147,034,650

드림텍	2019-05-17	5%	5,000,000	-15.25%	-762,500	0.330%	16,500	-779,000	146,255,650
드림텍	2019-05-21	3%	2,500,000	10.28%	257,000	0.330%	8,250	248,750	146,504,400
에코마케팅	2019-05-21	10%	10,000,000	7.74%	774,000	0.330%	33,000	741,000	147,245,400
유비케어	2019-05-21	5%	5,000,000	-13.79%	-689,500	0.330%	16,500	-706,000	146,539,400
케이아이엔엑스	2019-05-23	5%	5,000,000	4.00%	200,000	0.330%	16,500	183,500	146,722,900
에치에프알	2019-05-23	5%	5,000,000	9.29%	464,500	0.330%	16,500	448,000	147,170,900
유비케어	2019-05-24	5%	5,000,000	-14.09%	-704,500	0.330%	16,500	-721,000	146,449,900
에치에프알	2019-05-27	5%	5,000,000	11.00%	550,000	0.330%	16,500	533,500	146,983,400
서진시스템	2019-05-27	5%	5,000,000	-9.31%	-465,500	0.330%	16,500	-482,000	146,501,400
네패스	2019-06-03	5%	5,000,000	52.30%	2,615,000	0.330%	16,500	2,598,500	149,099,900
테스나	2019-06-03	5%	5,000,000	13.84%	692,000	0.330%	16,500	675,500	149,775,400
엘비세미콘	2019-06-07	10%	10,000,000	2.33%	233,000	0.330%	33,000	200,000	149,975,400
천보	2019-06-10	10%	10,000,000	1.13%	113,000	0.330%	33,000	80,000	150,055,400
다산네트웍스	2019-06-11	10%	10,000,000	8.02%	802,000	0.330%	33,000	769,000	150,824,400
파워로직스	2019-06-12	5%	5,000,000	-1.06%	-53,000	0.330%	16,500	-69,500	150,754,900
에코프로비엠	2019-06-14	5%	5,000,000	-3.35%	-167,500	0.330%	16,500	-184,000	150,570,900
네패스	2019-06-17	5%	5,000,000	62.38%	3,119,000	0.330%	16,500	3,102,500	153,673,400
테스나	2019-06-17	5%	5,000,000	24.05%	1,202,500	0.330%	16,500	1,186,000	154,859,400
태영건설	2019-06-18	5%	5,000,000	-3.25%	-162,500	0.330%	16,500	-179,000	154,680,400
파워로직스	2019-06-19	5%	5,000,000	-7.80%	-390,000	0.330%	16,500	-406,500	154,273,900
위지윅스튜디오	2019-06-21	5%	5,000,000	-5.77%	-288,500	0.330%	16,500	-305,000	153,968,900
네패스	2019-06-21	5%	5,000,000	84.78%	4,239,000	0.330%	16,500	4,222,500	158,191,400

중간에 회원님들의 반응을 건너뛰고 5월로 넘어온 이유는 자료를 삭제하는 바람에 그때의 정황이 남아 있지 않기 때문이다.

부*부 : 울방 종목은 지수하고 무관하네요 ㅎㅎ

kong*you : 네

홍8**2 : **시간이 없어서 방송에 참여할 수 없어 유감이네요. 408% 수익이네요. 하루에 3780만원 수익 감사해요**

연*e : ㅉㅉㅉㅉㅉㅉㅉ

쇼* : 말씀 너무 감사합니다 대표님^^ **저는 가입 한달차 회원인데 직장인이고, 기존 손실금이 너무너무 커서ㅠ 쉽게 손절을 못해 주저하다가.. 한달 동안 바라만 보다가.. 지난주 25% 매도 후 용기내어 대표님 종목 매수했는데.. 손실금을 금방 복구해서 너무 놀랐습니다.** 다음주에 다 정리하고 대표님을 믿고 마지막 용기내겠습니다^^ 믿음 주셔서 너무 감사합니다

송*갑부 : 정말 최고의 전문가이십니다

홍8**2 : 오랜만에 지금 집에 왔어요. 내일 가지만요. 많은 수익 감사합니다

태*건 : 대단하십니다

원* 평강공주 : **저는 3월부터 대표님과 함께 했는데 3000만원이 오늘 현재 8340만원 되었습니다~~** 작은 금액이라서요. 그렇지만 넘 감사합니다~~

홍8**2 : 반갑습니다. 회원님들. **계좌 수익 423%**

태*건 : 베뤼 굿

원* 평강공주 : 대단하십니다~~

‖ **2019년 6월18일자 방송 채팅** ‖

홍8**2 : OOO에서 **130% 수익**

홍8**2 : **170% 수익. 신용해서**

대*독수리 : 개인적으로 어제 매수해서 오늘 20% 수익 팔고나니 하방 VI 급락. 투자가 아닌 투기장에서 대응하기 힘든 시장인 듯하네요. 대부분 종목이 꾸준히 가지 않고 급등 후 바로 급락 종목이 많으니 어려운 시장이네요

양*계좌30 : 7% 익절 감사합니다

홍8**2 : 계좌수익도 증가했어요

홍8**2 : **438%**

2019년 1월부터 함께한 'kong*you'님도 자신의 수익을 공개하기 시작하였다.

‖ **2019년 6월20일자 방송 채팅** ‖

양*계좌30 : 믿습니다!

뚜벅*더지 : 때가 되면 갑니다

피*나오 : 대표님 무방 많이 듣고 가입해서인지 걱정 안합니다^^

kong*you : **저는 원금 2억 6천이 현재 7억 6천 되었습니다.**

kong*you : 감사드립니다

2019년 1월부터 함께한 '태*3330'님도 수익을 공개하였다. 60대의 젊은(?) 할머니였다.

‖ 2019년 6월21일자 방송 채팅 ‖

태*3330 : <u>네 230%입니다</u>

아베*모아 : 축하드립니다

듀*미스 : 축하드려요~

kong*you : ㅉㅉㅉㅉㅉㅉㅉ

주*이 : 와 여기는 몇백 단위 아니면 명함도 못내밀어요

태*3330 : 1월 3일입니다

태*3330 : <u>60대 중반 손자 보는 할머니입니다</u>

‖ 2019년 7월4일자 방송 채팅 ‖

kong*you : 33년 내공 대단하시군요

홍8**2 : 대표님 실력은 탁월하심. 저도 여러 전문가님을 만나지만 박대표님 최고

무*초심1 : 몇 개월에 900프로인가요?

홍8**2 : 축하축하

Ms0*15 : <u>현재 926%</u>

Ms0*15 : <u>3년</u>

‖ 2019년 7월 15일자 방송 채팅 ‖

Ms0*15 : 비가 오나 눈이 오나 한결같이 가세요

Ms0*15 : 보따리 싸지 마시고

천*호호 : 회원님들 축하드려요

Ms0*15 : 일희일비하지 마시고

루* : 딴 방에서 물린 종목이 너무 많아서 손절을 다 못했습니다

홍8**2 : <u>534%</u>

gl*be : 보유종목 다 좋습니다

토*미미2 : 홍님은 1000% 올해 달성하시겠어요

gl*be : <u>전 331</u>

파*안 : 대단하십니다. 축하드립니다

종목	매도일	비중	실제 투자금액	수익율	수익금액	세금+ 수수료	실제 비용	비용 차감후	원금+이익
네패스	2019-06-25	10%	10,000,000	75.82%	7,582,000	0.330%	33,000	7,549,000	162,865,400
네패스	2019-06-25	5%	5,000,000	74.14%	3,707,000	0.330%	16,500	3,690,500	166,555,900
네패스	2019-06-25	10%	10,000,000	71.62%	7,162,000	0.330%	33,000	7,129,000	173,684,900
드림텍	2019-06-27	15%	15,000,000	-26.91%	-4,036,500	0.330%	49,500	-4,086,000	169,598,900
텔레칩스	2019-06-27	5%	5,000,000	-9.09%	-454,500	0.330%	16,500	-471,000	169,127,900
NHN	2019-07-02	10%	10,000,000	-13.37%	-1,337,000	0.330%	33,000	-1,370,000	167,757,900
카카오	2019-07-03	5%	5,000,000	0.45%	22,500	0.330%	16,500	6,000	167,763,900
테스나	2019-07-03	5%	5,000,000	8.28%	414,000	0.330%	16,500	397,500	168,161,400
코나아이	2019-07-05	5%	5,000,000	-12.00%	-600,000	0.330%	16,500	-616,500	167,544,900
테스나	2019-07-08	10%	10,000,000	5.50%	550,000	0.330%	33,000	517,000	168,061,900
다산네트웍스	2019-07-11	5%	5,000,000	-16.34%	-817,000	0.330%	16,500	-833,500	167,228,400
테스나	2019-07-11	5%	5,000,000	7.81%	390,500	0.330%	16,500	374,000	167,602,400
후성	2019-07-12	10%	10,000,000	-0.82%	-82,000	0.330%	33,000	-115,000	167,487,400
카카오	2019-07-12	5%	5,000,000	0.45%	22,500	0.330%	16,500	6,000	167,493,400
NHN한국사이버	2019-07-15	15%	15,000,000	-7.51%	-1,126,500	0.330%	49,500	-1,176,000	166,317,400
테스나	2019-07-15	5%	5,000,000	6.65%	332,500	0.330%	16,500	316,000	166,633,400
다산네트웍스	2019-07-15	10%	10,000,000	-14.55%	-1,455,000	0.330%	33,000	-1,488,000	165,145,400
동진쎄미켐	2019-07-15	10%	10,000,000	16.05%	1,605,000	0.330%	33,000	1,572,000	166,717,400
NHN한국사이버결제	2019-07-19	5%	5,000,000	-6.74%	-337,000	0.330%	16,500	-353,500	166,363,900
동진쎄미켐	2019-07-19	10%	10,000,000	12.26%	1,226,000	0.330%	33,000	1,193,000	167,556,900
세틀뱅크	2019-07-19	5%	5,000,000	8.70%	435,000	0.330%	16,500	418,500	167,975,400
엠씨넥스	2019-07-22	5%	5,000,000	-1.83%	-91,500	0.330%	16,500	-108,000	167,867,400
세틀뱅크	2019-07-23	5%	5,000,000	-4.76%	-238,000	0.330%	16,500	-254,500	167,612,900
네패스	2019-07-23	5%	5,000,000	-2.91%	-145,500	0.330%	16,500	-162,000	167,450,900
동진쎄미켐	2019-07-24	10%	10,000,000	12.26%	1,226,000	0.330%	33,000	1,193,000	168,643,900
솔브레인	2019-07-25	10%	10,000,000	-7.69%	-769,000	0.330%	33,000	-802,000	167,841,900
카카오	2019-07-25	5%	5,000,000	-1.20%	-60,000	0.330%	16,500	-76,500	167,765,400

동진쎄미켐	2019-08-05	10%	10,000,000	8.81%	881,000	0.330%	33,000	848,000	168,613,400
카카오	2019-08-05	20%	20,000,000	-4.23%	-845,400	0.330%	66,000	-911,400	167,702,000
카카오	2019-08-06	10%	10,000,000	-7.63%	-763,000	0.330%	33,000	-796,000	166,906,000
카카오	2019-08-07	20%	20,000,000	-6.12%	-1,224,000	0.330%	66,000	-1,290,000	165,616,000
네패스	2019-08-08	20%	20,000,000	7.53%	1,506,000	0.330%	66,000	1,440,000	167,056,000
동진쎄미켐	2019-08-08	5%	5,000,000	8.91%	445,500	0.330%	16,500	429,000	167,485,000
동진쎄미켐	2019-08-08	5%	5,000,000	6.87%	343,500	0.330%	16,500	327,000	167,812,000
동진쎄미켐	2019-08-08	5%	5,000,000	8.23%	411,500	0.330%	16,500	395,000	168,207,000
에스앤에스텍	2019-08-09	5%	5,000,000	-1.87%	-93,500	0.330%	16,500	-110,000	168,097,000
에스앤에스텍	2019-08-13	10%	10,000,000	-2.66%	-266,000	0.330%	33,000	-299,000	167,798,000
NHN한국사이버결제	2019-08-16	5%	5,000,000	13.20%	660,000	0.330%	16,500	643,500	168,441,500
나이스정보통신	2019-08-19	5%	5,000,000	10.72%	536,000	0.330%	16,500	519,500	168,961,500
경인양행	2019-08-19	10%	10,000,000	-2.31%	-231,000	0.330%	33,000	-264,000	168,697,000
동진쎄미켐	2019-08-20	25%	25,000,000	-3.44%	-860,000	0.330%	82,500	-942,500	167,754,500

‖ **2019년 8월 9일자 방송 채팅** ‖

J.* : 믿기 힘들겠지만 진짜입니다

원* 평강공주 : <u>3천이 1억이요~~</u>

원* 평강공주 : <u>3월부터요~~</u>

원* 평강공주 : ㅉㅉㅉㅉㅉㅉㅉ

‖ **2019년 8월21일자 방송 채팅** ‖

홍8**2 : <u>527%</u>

gl*be : 대표님께서 리딩을 잘해주셨지만. . 저 자신도 잘한 거 같네요. 390%

태*3330 : <u>203%</u>

종목	매도일	비중	실제 투자금액	수익율	수익금액	세금+ 수수료	실제 비용	비용 차감후	원금+이익
엘비세미콘	2019-08-22	15%	15,000,000	2.17%	325,500	0.330%	49,500	276,000	168,030,500
네패스	2019-08-22	10%	10,000,000	18.47%	1,847,000	0.330%	33,000	1,814,000	169,844,500
동진쎄미켐	2019-08-22	5%	5,000,000	-2.70%	-135,000	0.330%	16,500	-151,500	169,693,000
네패스	2019-08-23	10%	10,000,000	8.32%	832,000	0.330%	33,000	799,000	170,492,000
카카오	2019-08-23	15%	15,000,000	-1.31%	-196,500	0.330%	49,500	-246,000	170,246,000
NHN한국사이버결제	2019-08-27	5%	5,000,000	8.14%	407,000	0.330%	16,500	390,500	170,636,500
경인양행	2019-08-27	5%	5,000,000	-2.51%	-125,500	0.330%	16,500	-142,000	170,494,500
오이솔루션	2019-08-28	15%	15,000,000	-4.07%	-610,500	0.330%	49,500	-660,000	169,834,500
동진쎄미켐	2019-08-29	20%	20,000,000	-2.53%	-506,000	0.330%	66,000	-572,000	169,262,500
셀리버리	2019-08-29	5%	5,000,000	7.78%	389,000	0.330%	16,500	372,500	169,635,000
에이비엘바이오	2019-08-29	5%	5,000,000	3.30%	165,000	0.330%	16,500	148,500	169,783,500
네패스	2019-08-29	5%	5,000,000	3.97%	198,500	0.330%	16,500	182,000	169,965,500
에스앤에스텍	2019-08-29	5%	5,000,000	-2.79%	-139,500	0.330%	16,500	-156,000	169,809,500
에스앤에스텍	2019-08-30	5%	5,000,000	-2.48%	-124,000	0.330%	16,500	-140,500	169,669,000
엠에스오토텍	2019-08-30	5%	5,000,000	9.92%	496,000	0.330%	16,500	479,500	170,148,500
네패스	2019-08-30	10%	10,000,000	4.62%	462,000	0.330%	33,000	429,000	170,577,500
에이비엘바이오	2019-08-30	5%	5,000,000	2.20%	110,000	0.330%	16,500	93,500	170,671,000
네패스	2019-08-30	5%	5,000,000	8.20%	410,000	0.330%	16,500	393,500	171,064,500
NHN한국사이버결제	2019-08-30	15%	15,000,000	-1.87%	-280,500	0.330%	49,500	-330,000	170,734,500
네패스	2019-09-02	5%	5,000,000	7.87%	393,500	0.330%	16,500	377,000	171,111,500
쏠리드	2019-09-02	10%	10,000,000	-2.05%	-205,000	0.330%	33,000	-238,000	170,873,500
나이스정보통신	2019-09-02	5%	5,000,000	-9.94%	-497,000	0.330%	16,500	-513,500	170,360,000
RFHIC	2019-09-02	5%	5,000,000	8.45%	422,500	0.330%	16,500	406,000	170,766,000
엠에스오토텍	2019-09-04	10%	10,000,000	-11.36%	-1,136,000	0.330%	33,000	-1,169,000	169,597,000
네패스	2019-09-04	5%	5,000,000	5.71%	285,500	0.330%	16,500	269,000	169,866,000
오이솔루션	2019-09-05	15%	15,000,000	-1.00%	-150,000	0.330%	49,500	-199,500	169,666,500

카카오	2019-09-05	15%	15,000,000	0.56%	84,000	0.330%	49,500	34,500	169,701,000
오이솔루션	2019-09-06	20%	20,000,000	-1.27%	-254,000	0.330%	66,000	-320,000	169,381,000
안트로젠	2019-09-09	5%	5,000,000	6.10%	305,000	0.330%	16,500	288,500	169,669,500
동진쎄미켐	2019-09-10	20%	20,000,000	-5.78%	-1,156,000	0.330%	66,000	-1,222,000	168,447,500
케이씨텍	2019-09-10	5%	5,000,000	10.00%	500,000	0.330%	16,500	483,500	168,931,000
대아티아이	2019-09-10	5%	5,000,000	6.04%	302,000	0.330%	16,500	285,500	169,216,500
이엔에프테크	2019-09-10	5%	5,000,000	-7.66%	-383,000	0.330%	16,500	-399,500	168,817,000
네패스	2019-09-11	15%	15,000,000	-7.53%	-1,129,500	0.330%	49,500	-1,179,000	167,638,000
SK하이닉스	2019-09-11	20%	20,000,000	1.67%	334,000	0.330%	66,000	268,000	167,906,000
대아티아이	2019-09-11	5%	5,000,000	5.97%	298,500	0.330%	16,500	282,000	168,188,000
대아티아이	2019-09-16	10%	10,000,000	7.80%	780,000	0.330%	33,000	747,000	168,935,000
원익IPS	2019-09-16	15%	15,000,000	-2.21%	-331,500	0.330%	49,500	-381,000	168,554,000
일신석재	2019-09-16	5%	5,000,000	7.70%	385,000	0.330%	16,500	368,500	168,922,500
푸른기술	2019-09-17	5%	5,000,000	-2.48%	-124,000	0.330%	16,500	-140,500	168,782,000
네패스	2019-09-17	10%	10,000,000	-10.44%	-1,044,000	0.330%	33,000	-1,077,000	167,705,000

‖ 2019년 9월4일자 방송 채팅 ‖

J.* : 강심장은 강력한 분석과 자신감이 뒷받침되어야 합니다

홍8**2 : 수익이 나면 강심장 되요. 단기종목 날마다 안해요. 단기종목 다 기록해요

홍82 : 대표님 만나서 집 한 채 벌었어요**

홍82 : 32평**

‖ 2019년 11월 4일자 방송 채팅 ‖

홍8**2 : 확실한 600% 고지탈환 했어요

홍82 : 604%**

종목	매도일	비중	실제 투자금액	수익율	수익금액	세금+ 수수료	실제 비용	비용 차감후	원금+이익
대아티아이	2019-09-20	15%	15,000,000	3.10%	465,000	0.330%	49,500	415,500	167,043,500
도화엔지니어링	2019-09-20	5%	5,000,000	-1.10%	-55,000	0.330%	16,500	-71,500	166,972,000
동아지질	2019-09-23	10%	10,000,000	-2.00%	-200,000	0.330%	33,000	-233,000	166,739,000
현대엘리베이터	2019-09-25	25%	25,000,000	1.25%	312,500	0.330%	82,500	230,000	166,969,000
대아티아이	2019-09-25	10%	10,000,000	-4.18%	-418,000	0.330%	33,000	-451,000	166,518,000
일신석재	2019-09-25	10%	5,000,000	3.68%	184,000	0.330%	16,500	167,500	166,685,500
도화엔지니어링	2019-09-25	5%	5,000,000	-1.10%	-55,000	0.330%	16,500	-71,500	166,614,000
인디에프	2019-09-25	5%	5,000,000	-3.04%	-152,000	0.330%	16,500	-168,500	166,445,500
대아티아이	2019-09-26	10%	10,000,000	-6.00%	-600,000	0.330%	33,000	-633,000	165,812,500
인디에프	2019-09-26	5%	10,000,000	-2.06%	-206,000	0.330%	33,000	-239,000	165,573,500
헬릭스미스	2019-09-26	5%	5,000,000	6.57%	328,500	0.330%	16,500	312,000	165,885,500
헬릭스미스	2019-09-27	15%	15,000,000	0.95%	142,500	0.330%	49,500	93,000	165,978,500
동진쎄미켐	2019-10-02	5%	5,000,000	5.69%	284,500	0.330%	16,500	268,000	166,246,500
테스	2019-10-04	5%	5,000,000	5.00%	250,000	0.330%	16,500	233,500	166,480,000
테스	2019-10-07	10%	10,000,000	4.74%	474,000	0.330%	33,000	441,000	166,921,000
AP시스템	2019-10-08	5%	5,000,000	-0.52%	-26,000	0.330%	16,500	-42,500	166,878,500
솔브레인	2019-10-08	10%	10,000,000	4.53%	453,000	0.330%	33,000	420,000	167,298,500
동진쎄미켐	2019-10-08	5%	5,000,000	2.65%	132,500	0.330%	16,500	116,000	167,414,500
헬릭스미스	2019-10-08	10%	10,000,000	5.53%	553,000	0.330%	33,000	520,000	167,934,500
램테크놀로지	2019-10-08	5%	5,000,000	4.60%	230,000	0.330%	16,500	213,500	168,148,000
램테크놀로지	2019-10-08	5%	5,000,000	17.71%	885,500	0.330%	16,500	869,000	169,017,000
솔브레인	2019-10-08	10%	10,000,000	13.17%	1,317,000	0.330%	33,000	1,284,000	170,301,000
동진쎄미켐	2019-10-08	5%	5,000,000	10.54%	527,000	0.330%	16,500	510,500	170,811,500
램테크놀로지	2019-10-10	10%	10,000,000	-2.17%	-217,000	0.330%	33,000	-250,000	170,561,500
테스나	2019-10-11	5%	5,000,000	-9.40%	-470,000	0.330%	16,500	-486,500	170,075,000
RFHIC	2019-10-14	10%	10,000,000	-3.92%	-392,000	0.330%	33,000	-425,000	169,650,000
네패스	2019-10-15	5%	5,000,000	5.54%	277,000	0.330%	16,500	260,500	169,910,500

JYP ent	2019-10-15	5%	5,000,000	2.96%	148,000	0.330%	16,500	131,500	170,042,000
네패스	2019-10-15	10%	10,000,000	6.92%	692,000	0.330%	33,000	659,000	170,701,000
동진쎄미켐	2019-10-15	5%	5,000,000	5.99%	299,500	0.330%	16,500	283,000	170,984,000
엘비세미콘	2019-10-15	5%	5,000,000	-1.20%	-60,000	0.330%	16,500	-76,500	170,907,500
네패스	2019-10-22	5%	5,000,000	6.75%	337,500	0.330%	16,500	321,000	171,228,500
동진쎄미켐	2019-10-23	5%	5,000,000	4.77%	238,500	0.330%	16,500	222,000	171,450,500
네패스	2019-10-23	5%	5,000,000	4.50%	225,000	0.330%	16,500	208,500	171,659,000
네패스	2019-10-23	10%	10,000,000	3.46%	346,000	0.330%	33,000	313,000	171,972,000
에스앤에스텍	2019-10-23	5%	5,000,000	-2.22%	-111,000	0.330%	16,500	-127,500	171,844,500
이오테크닉스	2019-10-23	5%	5,000,000	4.36%	218,000	0.330%	16,500	201,500	172,046,000
이녹스첨단소재	2019-10-23	5%	5,000,000	-1.27%	-63,500	0.330%	16,500	-80,000	171,966,000
동진쎄미켐	2019-10-24	5%	5,000,000	5.38%	269,000	0.330%	16,500	252,500	172,218,500
안트로젠	2019-10-24	5%	5,000,000	14.36%	718,000	0.330%	16,500	701,500	172,920,000
동진쎄미켐	2019-10-24	10%	10,000,000	4.77%	477,000	0.330%	33,000	444,000	173,364,000
동진쎄미켐	2019-10-24	10%	10,000,000	3.26%	326,000	0.330%	33,000	293,000	173,657,000
원익IPS	2019-10-24	5%	5,000,000	2.27%	113,500	0.330%	16,500	97,000	173,754,000
SFA반도체	2019-10-25	5%	5,000,000	-1.53%	-76,500	0.330%	16,500	-93,000	173,661,000
원익IPS	2019-10-28	5%	5,000,000	9.24%	462,000	0.330%	16,500	445,500	174,106,500
녹십자셀	2019-10-28	5%	5,000,000	4.04%	202,000	0.330%	16,500	185,500	174,292,000
원익IPS	2019-10-28	5%	5,000,000	10.21%	510,500	0.330%	16,500	494,000	174,786,000
테스	2019-10-28	5%	5,000,000	-2.22%	-111,000	0.330%	16,500	-127,500	174,658,500
이녹스첨단소재	2019-10-29	10%	10,000,000	3.41%	341,000	0.330%	33,000	308,000	174,966,500
카카오	2019-10-29	5%	5,000,000	-1.35%	-67,500	0.330%	16,500	-84,000	174,882,500
녹십자셀	2019-10-30	5%	5,000,000	-3.69%	-184,500	0.330%	16,500	-201,000	174,681,500
카카오	2019-10-30	10%	10,000,000	-1.70%	-170,000	0.330%	33,000	-203,000	174,478,500
젬백스	2019-10-31	5%	5,000,000	39.04%	1,952,000	0.330%	16,500	1,935,500	176,414,000
비덴트	2019-11-05	5%	5,000,000	30.70%	1,535,000	0.330%	16,500	1,518,500	177,932,500
보령제약	2019-11-05	5%	5,000,000	9.36%	468,000	0.330%	16,500	451,500	178,384,000

이오테크닉스	2019-11-05	5%	5,000,000	-0.62%	-31,000	0.330%	16,500	-47,500	178,336,500
에이비엘바이오	2019-11-05	10%	10,000,000	11.21%	1,121,000	0.330%	33,000	1,088,000	179,424,500
셀리버리	2019-11-06	5%	5,000,000	2.81%	140,500	0.330%	16,500	124,000	179,548,500
에이비엘바이오	2019-11-07	10%	10,000,000	1.23%	123,000	0.330%	33,000	90,000	179,638,500
젬백스	2019-11-08	5%	5,000,000	35.22%	1,761,000	0.330%	16,500	1,744,500	181,383,000
삼성제약	2019-11-08	5%	5,000,000	-5.80%	-290,000	0.330%	16,500	-306,500	181,076,500
셀리버리	2019-11-12	5%	5,000,000	-8.63%	-431,500	0.330%	16,500	-448,000	180,628,500
NAVER	2019-11-13	15%	15,000,000	-2.86%	-429,000	0.330%	49,500	-478,500	180,150,000
텔콘RF제약	2019-11-13	5%	5,000,000	6.29%	314,500	0.330%	16,500	298,000	180,448,000
젬백스	2019-11-13	5%	5,000,000	13.26%	663,000	0.330%	16,500	646,500	181,094,500
펩트론	2019-11-13	5%	5,000,000	-6.46%	-323,000	0.330%	16,500	-339,500	180,755,000
젬백스	2019-11-13	5%	5,000,000	14.93%	746,500	0.330%	16,500	730,000	181,485,000
텔콘RF제약	2019-11-14	5%	5,000,000	1.08%	54,000	0.330%	16,500	37,500	181,522,500
드림텍	2019-11-14	10%	10,000,000	-0.43%	-43,000	0.330%	33,000	-76,000	181,446,500
헬릭스미스	2019-11-18	10%	10,000,000	1.53%	153,000	0.330%	33,000	120,000	181,566,500
CMG제약	2019-11-18	5%	5,000,000	5.42%	271,000	0.330%	16,500	254,500	181,821,000
텔콘RF제약	2019-11-19	5%	5,000,000	-1.68%	-84,000	0.330%	16,500	-100,500	181,720,500
CMG제약	2019-11-19	5%	5,000,000	2.49%	124,500	0.330%	16,500	108,000	181,828,500
심텍	2019-11-19	5%	5,000,000	2.17%	108,500	0.330%	16,500	92,000	181,920,500
앤디포스	2019-11-19	5%	5,000,000	-9.41%	-470,500	0.330%	16,500	-487,000	181,433,500
텔콘RF제약	2019-11-20	5%	5,000,000	-5.12%	-256,000	0.330%	16,500	-272,500	181,161,000
삼성바이오로직스	2019-11-21	5%	5,000,000	2.82%	141,000	0.330%	16,500	124,500	181,285,500
안트로젠	2019-11-22	5%	5,000,000	-8.16%	-408,000	0.330%	16,500	-424,500	180,861,000
CMG제약	2019-11-22	20%	20,000,000	-0.88%	-176,000	0.330%	66,000	-242,000	180,619,000
삼성바이오로직스	2019-11-22	10%	10,000,000	1.36%	136,000	0.330%	33,000	103,000	180,722,000
오스코텍	2019-11-27	5%	5,000,000	0.66%	33,000	0.330%	16,500	16,500	180,738,500
다원시스	2019-11-27	5%	5,000,000	-1.24%	-62,000	0.330%	16,500	-78,500	180,660,000
CMG제약	2019-11-27	20%	20,000,000	-2.19%	-438,000	0.330%	66,000	-504,000	180,156,000

'mph박*윤'님은 새로 온 지 6개월만에 반토막난 계좌가 원금회복이 되었음을 기쁘게 알려주었다. 수익이 증가하는 것도 좋지만 큰 손실을 회복하는 것도 회원 매매리딩의 큰 보람이라는 사실을 다시 한 번 느끼는 계기였다.

2019년 한 해를 마무리하면서 회원들이 나눈 즐거운 수익의 소회들이다.

종목	매도일	비중	실제 투자금액	수익율	수익금액	세금+ 수수료	실제 비용	비용 차감후	원금+이익
SK바이오랜드	2019-11-27	10%	10,000,000	10.79%	1,079,000	0.330%	33,000	1,046,000	181,202,000
SK바이오랜드	2019-11-27	5%	5,000,000	14.11%	705,500	0.330%	16,500	689,000	181,891,000
SK바이오랜드	2019-11-27	10%	10,000,000	3.11%	311,000	0.330%	33,000	278,000	182,169,000
SK바이오랜드	2019-11-27	5%	5,000,000	-2.41%	-120,500	0.330%	16,500	-137,000	182,032,000
SK바이오랜드	2019-11-28	10%	10,000,000	-4.22%	-422,000	0.330%	33,000	-455,000	181,577,000
젬백스	2019-11-28	5%	5,000,000	14.69%	734,500	0.330%	16,500	718,000	182,295,000
젬백스	2019-11-28	5%	5,000,000	14.47%	723,500	0.330%	16,500	707,000	183,002,000
헬릭스미스	2019-11-29	5%	5,000,000	-1.39%	-69,500	0.330%	16,500	-86,000	182,916,000
큐로컴	2019-11-29	5%	5,000,000	3.01%	150,500	0.330%	16,500	134,000	183,050,000
삼성바이오로직스	2019-12-03	10%	10,000,000	-0.23%	-23,000	0.330%	33,000	-56,000	182,994,000
젬백스	2019-12-03	10%	10,000,000	11.95%	1,195,000	0.330%	33,000	1,162,000	184,156,000
젬백스	2019-12-04	5%	5,000,000	6.82%	341,000	0.330%	16,500	324,500	184,480,500
젬백스	2019-12-04	5%	5,000,000	6.00%	300,000	0.330%	16,500	283,500	184,764,000
젬백스	2019-12-04	5%	5,000,000	8.13%	406,500	0.330%	16,500	390,000	185,154,000
젬백스	2019-12-05	5%	5,000,000	9.40%	470,000	0.330%	16,500	453,500	185,607,500
젬백스	2019-12-05	10%	10,000,000	9.04%	904,000	0.330%	33,000	871,000	186,478,500
젬백스	2019-12-05	20%	20,000,000	14.60%	2,920,000	0.330%	66,000	2,854,000	189,332,500

젬백스	2019-12-05	10%	10,000,000	11.62%	1,162,000	0.330%	33,000	1,129,000	190,461,500
메지온	2019-12-05	5%	5,000,000	-3.33%	-166,500	0.330%	16,500	-183,000	190,278,500
SFA반도체	2019-12-06	5%	5,000,000	-4.19%	-209,500	0.330%	16,500	-226,000	190,052,500
젬백스	2019-12-06	10%	10,000,000	23.51%	2,351,000	0.330%	33,000	2,318,000	192,370,500
젬백스	2019-12-06	5%	5,000,000	34.31%	1,715,500	0.330%	16,500	1,699,000	194,069,500
삼성바이오로직스	2019-12-06	10%	10,000,000	0.41%	41,000	0.330%	33,000	8,000	194,077,500
네패스	2019-12-06	5%	5,000,000	2.93%	146,500	0.330%	16,500	130,000	194,207,500
안트로젠	2019-12-09	5%	5,000,000	-12.50%	-625,000	0.330%	16,500	-641,500	193,566,000
젬백스	2019-12-09	5%	5,000,000	26.69%	1,334,500	0.330%	16,500	1,318,000	194,884,000
삼성바이오로직스	2019-12-10	30%	30,000,000	-0.10%	-30,000	0.330%	99,000	-129,000	194,755,000
알테오젠	2019-12-12	5%	5,000,000	-6.85%	-342,500	0.330%	16,500	-359,000	194,396,000
젬백스	2019-12-12	5%	5,000,000	-1.61%	-80,500	0.330%	16,500	-97,000	194,299,000
젬백스	2019-12-13	5%	5,000,000	0.76%	38,000	0.330%	16,500	21,500	194,320,500
젬백스	2019-12-16	5%	5,000,000	0.61%	30,500	0.330%	16,500	14,000	194,334,500
젬백스	2019-12-18	15%	15,000,000	8.48%	1,272,000	0.330%	49,500	1,222,500	195,557,000
알테오젠	2019-12-18	15%	15,000,000	10.10%	1,515,000	0.330%	49,500	1,465,500	197,022,500
큐로컴	2019-12-26	5%	5,000,000	-12.15%	-607,500	0.330%	16,500	-624,000	196,398,500
젬백스	2019-12-27	15%	15,000,000	11.76%	1,764,000	0.330%	49,500	1,714,500	198,113,000

그리고 2020년. 코로나19가 다가오는 과정에서 연초에도 수익증가가 계속 이루어졌다.

회원에 가입한 지 7개월 된 회원의 수익률 공개가 있었다.

회원 '홍8**2'님께서 함께한 후 첫 손실을 언급하면서 다른 신입 투자자들이 용기를 내도록 비전을 수익으로 보여주었다.

종목	매도일	비중	실제 투자금액	수익율	수익금액	세금+ 수수료	실제 비용	비용 차감후	원금+이익
젬백스	2019-12-30	10%	10,000,000	9.34%	934,000	0.330%	33,000	901,000	199,234,000
젬백스	2019-12-30	10%	10,000,000	15.27%	1,527,000	0.330%	33,000	1,494,000	200,728,000
젬백스	2020-01-02	15%	15,000,000	14.92%	2,238,000	0.330%	49,500	2,188,500	202,916,500
에이치엘비생명과학	2020-01-02	10%	10,000,000	4.33%	433,000	0.330%	33,000	400,000	203,316,500
젬백스	2020-01-02	5%	5,000,000	13.54%	677,000	0.330%	16,500	660,500	203,977,000
알테오젠	2020-01-02	5%	5,000,000	16.00%	800,000	0.330%	16,500	783,500	204,760,500
알테오젠	2020-01-03	15%	15,000,000	14.18%	2,127,000	0.330%	49,500	2,077,500	206,838,000
파워로직스	2020-01-03	5%	5,000,000	0.95%	47,500	0.330%	16,500	31,000	206,869,000
메드팩토	2020-01-03	10%	10,000,000	5.36%	536,000	0.330%	33,000	503,000	207,372,000
에이비엘바이오	2020-01-06	10%	10,000,000	-2.80%	-280,000	0.330%	33,000	-313,000	207,059,000

엔지켐생명과학	2020-01-07	5%	5,000,000	-2.48%	-124,000	0.330%	16,500	-140,500	206,918,500
보령제약	2020-01-08	5%	10,000,000	-5.15%	-515,000	0.330%	33,000	-548,000	206,370,500
유티아이	2020-01-08	5%	5,000,000	-5.26%	-263,000	0.330%	16,500	-279,500	206,091,000
네패스	2020-01-09	15%	15,000,000	-3.35%	-502,500	0.330%	49,500	-552,000	205,539,000
큐리언트	2020-01-09	5%	5,000,000	-5.63%	-281,500	0.330%	16,500	-298,000	205,241,000
큐리언트	2020-01-10	5%	5,000,000	-8.53%	-426,500	0.330%	16,500	-443,000	204,798,000
젬백스	2020-01-14	20%	20,000,000	3.71%	742,000	0.330%	66,000	676,000	205,474,000
에스티아이	2020-01-16	5%	5,000,000	-3.74%	-187,000	0.330%	16,500	-203,500	205,270,500
네패스	2020-01-16	10%	10,000,000	1.37%	137,000	0.330%	33,000	104,000	205,374,500
씨젠	2020-01-16	15%	15,000,000	-5.17%	-775,500	0.330%	49,500	-825,000	204,549,500
테스	2020-01-23	10%	10,000,000	-1.86%	-186,000	0.330%	33,000	-219,000	204,330,500
유진테크	2020-01-28	20%	20,000,000	-4.71%	-942,000	0.330%	66,000	-1,008,000	203,322,500
아이티엠반도체	2020-01-29	10%	10,000,000	14.46%	1,446,000	0.330%	33,000	1,413,000	204,735,500
아이티엠반도체	2020-01-29	5%	5,000,000	8.72%	436,000	0.330%	16,500	419,500	205,155,000
아이티엠반도체	2020-01-29	5%	5,000,000	10.83%	541,500	0.330%	16,500	525,000	205,680,000
켐트로닉스	2020-01-30	5%	5,000,000	-9.39%	-469,500	0.330%	16,500	-486,000	205,194,000
이오테크닉스	2020-01-30	5%	5,000,000	3.23%	161,500	0.330%	16,500	145,000	205,339,000
아이티엠반도체	2020-01-30	25%	25,000,000	11.25%	2,812,500	0.330%	82,500	2,730,000	208,069,000
테크윙	2020-01-30	10%	10,000,000	-4.86%	-486,000	0.330%	33,000	-519,000	207,550,000
삼성바이오로직스	2020-01-31	30%	30,000,000	1.02%	306,000	0.330%	99,000	207,000	207,757,000
하나마이크론	2020-01-31	5%	5,000,000	-3.73%	-186,500	0.330%	16,500	-203,000	207,554,000
에이디테크놀로지	2020-01-31	15%	15,000,000	16.26%	2,439,000	0.330%	49,500	2,389,500	209,943,500
대주전자재료	2020-01-31	5%	5,000,000	-5.08%	-254,000	0.330%	16,500	-270,500	209,673,000
천보	2020-02-03	10%	10,000,000	-7.12%	-712,000	0.330%	33,000	-745,000	208,928,000
아이티엠반도체	2020-02-03	5%	5,000,000	-3.15%	-157,500	0.330%	16,500	-174,000	208,754,000
네패스	2020-02-03	60%	60,000,000	-5.35%	-3,210,000	0.330%	198,000	-3,408,000	205,346,000
젬백스	2020-02-05	10%	10,000,000	2.26%	226,000	0.330%	33,000	193,000	205,539,000
에이디테크놀로지	2020-02-05	10%	10,000,000	2.75%	275,000	0.330%	33,000	242,000	205,781,000

종목	매도일	비중	실제 투자금액	수익율	수익금액	세금+ 수수료	실제 비용	비용 차감후	원금+이익
대주전자재료	2020-02-05	5%	5,000,000	-3.84%	-192,000	0.330%	16,500	-208,500	205,572,500
일진머티리얼즈	2020-02-06	25%	25,000,000	-2.18%	-545,000	0.330%	82,500	-627,500	204,945,000
피엔티	2020-02-07	5%	5,000,000	4.19%	209,500	0.330%	16,500	193,000	205,138,000
피앤이솔루션	2020-02-07	5%	5,000,000	4.81%	240,500	0.330%	16,500	224,000	205,362,000
해성디에스	2020-02-11	5%	5,000,000	-3.37%	-168,500	0.330%	16,500	-185,000	205,177,000
에코프로비엠	2020-02-11	10%	10,000,000	18.38%	1,838,000	0.330%	33,000	1,805,000	206,982,000
삼화콘덴서	2020-02-11	5%	5,000,000	5.40%	270,000	0.330%	16,500	253,500	207,235,500
에코프로비엠	2020-02-11	5%	5,000,000	5.37%	268,500	0.330%	16,500	252,000	207,487,500
씨아이에스	2020-02-12	5%	5,000,000	10.14%	507,000	0.330%	16,500	490,500	207,978,000
피엔티	2020-02-12	5%	5,000,000	11.11%	555,500	0.330%	16,500	539,000	208,517,000
삼화콘덴서	2020-02-12	5%	5,000,000	11.47%	573,500	0.330%	16,500	557,000	209,074,000
삼화콘덴서	2020-02-12	5%	5,000,000	13.49%	674,500	0.330%	16,500	658,000	209,732,000
삼화콘덴서	2020-02-12	10%	10,000,000	12.14%	1,214,000	0.330%	33,000	1,181,000	210,913,000
아이티엠반도체	2020-02-13	5%	5,000,000	-1.05%	-52,500	0.330%	16,500	-69,000	210,844,000
삼성바이오로직스	2020-02-13	10%	10,000,000	8.78%	878,000	0.330%	33,000	845,000	211,689,000
씨아이에스	2020-02-13	5%	5,000,000	-2.91%	-145,500	0.330%	16,500	-162,000	211,527,000
코윈테크	2020-02-14	5%	5,000,000	-1.02%	-51,000	0.330%	16,500	-67,500	211,459,500
인텔리안테크	2020-02-17	5%	5,000,000	8.82%	441,000	0.330%	16,500	424,500	211,884,000
삼성바이오로직스	2020-02-17	10%	10,000,000	7.13%	713,000	0.330%	33,000	680,000	212,564,000
아이티엠반도체	2020-02-17	5%	5,000,000	11.92%	596,000	0.330%	16,500	579,500	213,143,500
아이티엠반도체	2020-02-18	10%	10,000,000	9.00%	900,000	0.330%	33,000	867,000	214,010,500
쎄트렉아이	2020-02-18	5%	5,000,000	7.49%	374,500	0.330%	16,500	358,000	214,368,500

아이티엠반도체	2020-02-18	10%	10,000,000	7.54%	754,000	0.330%	33,000	721,000	215,089,500
켐트로닉스	2020-02-18	5%	5,000,000	-4.19%	-209,500	0.330%	16,500	-226,000	214,863,500
SKC코오롱PI	2020-02-18	5%	5,000,000	-2.43%	-121,500	0.330%	16,500	-138,000	214,725,500
SKC코오롱PI	2020-02-19	10%	10,000,000	-5.11%	-511,000	0.330%	33,000	-544,000	214,181,500
ISC	2020-02-19	5%	5,000,000	-2.84%	-142,000	0.330%	16,500	-158,500	214,023,000
삼성바이오로직스	2020-02-19	10%	10,000,000	4.46%	446,000	0.330%	33,000	413,000	214,436,000
쏠리드	2020-02-20	10%	10,000,000	-5.13%	-513,000	0.330%	33,000	-546,000	213,890,000
에이디테크	2020-02-20	5%	5,000,000	15.63%	781,500	0.330%	16,500	765,000	214,655,000
에치에프알	2020-02-20	5%	5,000,000	9.90%	495,000	0.330%	16,500	478,500	215,133,500
에치에프알	2020-02-25	10%	10,000,000	11.00%	1,100,000	0.330%	33,000	1,067,000	216,200,500
에치에프알	2020-02-25	5%	5,000,000	7.96%	398,000	0.330%	16,500	381,500	216,582,000
에치에프알	2020-02-25	5%	5,000,000	8.52%	426,000	0.330%	16,500	409,500	216,991,500
에치에프알	2020-02-26	20%	20,000,000	5.48%	1,096,000	0.330%	66,000	1,030,000	218,021,500
씨젠	2020-02-26	5%	5,000,000	11.00%	550,000	0.330%	16,500	533,500	218,555,000
젬백스	2020-02-26	5%	5,000,000	-4.87%	-243,500	0.330%	16,500	-260,000	218,295,000
메드팩토	2020-02-27	5%	5,000,000	1.48%	74,000	0.330%	16,500	57,500	218,352,500
메드팩토	2020-02-28	5%	5,000,000	-1.01%	-50,500	0.330%	16,500	-67,000	218,285,500
인텔리안테크	2020-02-28	5%	5,000,000	-16.16%	-808,000	0.330%	16,500	-824,500	217,461,000

‖ 2020년 3월 5일자 방송 채팅 ‖

싱*랑 : 너무 올라가니 멍하네요

헤피*리 : 다 신고가 가고 있네요. 정말 대단하십니다

홍82** : 어제 가입한 지인이 깜짝 놀라고 있어요. 하루 수익에

크*이 : 매번 느끼지만, 대표님 통찰력이 대단하신 듯합니다

노랑*잔디 : 오늘 심장이 벌렁벌렁 했어요. 다른 방에 있을 때는 이런 모습을 본 적이 없어서요~

원* 평강공주 : 우리 방 축복받은 방입니다.

홍82** : *잔디님 이제 시작입니다

원* 평강공주 : 오늘 돈 세느라 바빴습니다~

홍82** : 수익 874%입니다

종목	매도일	비중	실제 투자금액	수익율	수익금액	세금+ 수수료	실제 비용	비용 차감후	원금+이익
삼천당제약	2020-03-02	5%	5,000,000	-5.55%	-277,500	0.330%	16,500	-294,000	217,167,000
삼천당제약	2020-03-03	5%	5,000,000	-3.19%	-159,500	0.330%	16,500	-176,000	216,991,000
쎄트렉아이	2020-03-04	10%	10,000,000	-10.30%	-1,030,000	0.330%	33,000	-1,063,000	215,928,000
메드팩토	2020-03-05	5%	5,000,000	7.23%	361,500	0.330%	16,500	345,000	216,273,000
엘앤씨바이오	2020-03-05	5%	5,000,000	2.33%	116,500	0.330%	16,500	100,000	216,373,000
아이티엠반도체	2020-03-06	10%	10,000,000	4.85%	485,000	0.330%	33,000	452,000	216,825,000
아이티엠반도체	2020-03-09	10%	10,000,000	-3.13%	-313,000	0.330%	33,000	-346,000	216,479,000
아이티엠반도체	2020-03-09	15%	15,000,000	-3.87%	-580,500	0.330%	49,500	-630,000	215,849,000
SK케미칼	2020-03-10	10%	10,000,000	-4.39%	-439,000	0.330%	33,000	-472,000	215,377,000
에스앤에스텍	2020-03-12	5%	5,000,000	-11.61%	-580,500	0.330%	16,500	-597,000	214,780,000
에스앤에스텍	2020-03-13	5%	5,000,000	-18.98%	-949,000	0.330%	16,500	-965,500	213,814,500
네패스	2020-03-13	15%	15,000,000	8.95%	1,342,500	0.330%	49,500	1,293,000	215,107,500
네패스	2020-03-16	10%	10,000,000	13.72%	1,372,000	0.330%	33,000	1,339,000	216,446,500
젬백스	2020-03-16	15%	15,000,000	-5.44%	-816,000	0.330%	49,500	-865,500	215,581,000
네패스	2020-03-17	5%	5,000,000	-6.46%	-323,000	0.330%	16,500	-339,500	215,241,500
테스나	2020-03-17	5%	5,000,000	-18.32%	-916,000	0.330%	16,500	-932,500	214,309,000
네패스	2020-03-17	20%	20,000,000	0.61%	122,000	0.330%	66,000	56,000	214,365,000
네패스	2020-03-18	15%	15,000,000	1.12%	168,000	0.330%	49,500	118,500	214,483,500
진원생명과학	2020-03-18	5%	5,000,000	13.24%	662,000	0.330%	16,500	645,500	215,129,000
일양약품	2020-03-18	5%	5,000,000	-2.05%	-102,500	0.330%	16,500	-119,000	215,010,000
젬백스	2020-03-18	5%	5,000,000	-2.89%	-144,500	0.330%	16,500	-161,000	214,849,000
녹십자	2020-03-18	10%	10,000,000	-1.96%	-196,000	0.330%	33,000	-229,000	214,620,000
테스나	2020-03-19	5%	5,000,000	-26.72%	-1,336,000	0.330%	16,500	-1,352,500	213,267,500
에이디테크놀로지	2020-03-19	10%	10,000,000	-17.17%	-1,717,000	0.330%	33,000	-1,750,000	211,517,500
네패스	2020-03-20	10%	10,000,000	-3.09%	-309,000	0.330%	33,000	-342,000	211,175,500
네패스	2020-03-20	5%	5,000,000	-1.71%	-85,500	0.330%	16,500	-102,000	211,073,500

RFHIC	2020-03-23	5%	5,000,000	-1.27%	-63,500	0.330%	16,500	-80,000	210,993,500
네패스	2020-03-26	25%	25,000,000	-1.55%	-387,500	0.330%	82,500	-470,000	210,523,500
네패스	2020-03-27	20%	20,000,000	-1.71%	-342,000	0.330%	66,000	-408,000	210,115,500
진원생명과학	2020-03-27	5%	5,000,000	3.51%	175,500	0.330%	16,500	159,000	210,274,500
신풍제약	2020-03-27	5%	5,000,000	-11.56%	-578,000	0.330%	16,500	-594,500	209,680,000
SK케미칼	2020-03-30	10%	10,000,000	13.15%	1,315,000	0.330%	33,000	1,282,000	210,962,000
SK케미칼	2020-03-30	5%	5,000,000	13.42%	671,000	0.330%	16,500	654,500	211,616,500
진원생명과학	2020-03-30	5%	5,000,000	15.63%	781,500	0.330%	16,500	765,000	212,381,500
네패스	2020-03-30	15%	15,000,000	-6.32%	-948,000	0.330%	49,500	-997,500	211,384,000
SK케미칼	2020-03-30	5%	5,000,000	12.43%	621,500	0.330%	16,500	605,000	211,989,000
진원생명과학	2020-03-31	5%	5,000,000	47.25%	2,362,500	0.330%	16,500	2,346,000	214,335,000
부광약품	2020-03-31	10%	10,000,000	15.04%	1,504,000	0.330%	33,000	1,471,000	215,806,000
일양약품	2020-03-31	5%	5,000,000	13.45%	672,500	0.330%	16,500	656,000	216,462,000
샐트리온헬스케어	2020-03-31	5%	5,000,000	3.17%	158,500	0.330%	16,500	142,000	216,604,000

코로나19로 인한 지수의 폭락 이후에도 수익률 행진은 계속되었다.

‖ 2020년 4월7일자 방송 채팅 ‖

흥8**2 : 수업료 많이 지불했어요. 대표님 덕분에 봄날

퍼*스TEN : 진원 수익 감사합니다

흥8**2 : <u>934%</u>

‖ 2020년 4월11일자 방송 채팅 ‖

흥8**2 : **대표님 오늘 계좌 폭등 950% 넘었어요.** 깜놀. 다날 23% 수익

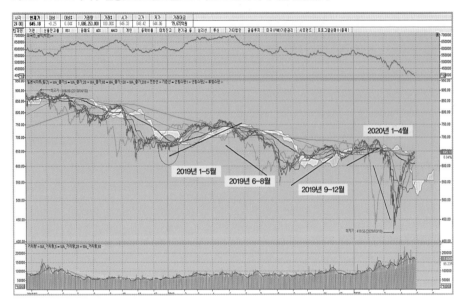

차트 1-2 코스닥지수 일봉. 2020년 3월 코로나19로 인해 폭락세를 연출했다

그리고 잔인했던 3월의 손실이 모두 회복되고 계좌는 다시 신고가를 기록해나갔다. 폭풍 같은 시간이 있었음에도 불구하고 그 어려움을 뚫고 수익률 행진은 계속되었다. 하나님께 감사하지 않을 수 없다.

종목	매도일	비중	실제 투자금액	수익율	수익금액	세금+ 수수료	실제 비용	비용 차감후	원금+이익
진원생명과학	2020-04-01	5%	5,000,000	14.17%	708,500	0.330%	16,500	692,000	215,328,500
바이오니아	2020-04-01	5%	5,000,000	13.07%	653,500	0.330%	16,500	637,000	215,965,500
SK케미칼	2020-04-01	15%	15,000,000	17.06%	2,559,000	0.330%	49,500	2,509,500	218,475,000
카페24	2020-04-01	10%	10,000,000	19.25%	1,925,000	0.330%	33,000	1,892,000	220,367,000
이노와이어	2020-04-01	5%	5,000,000	-3.20%	-160,000	0.330%	16,500	-176,500	220,190,500
녹십자	2020-04-02	10%	10,000,000	16.39%	1,639,000	0.330%	33,000	1,606,000	221,796,500
에치에프알	2020-04-02	10%	10,000,000	-5.36%	-536,000	0.330%	33,000	-569,000	221,227,500

녹십자	2020-04-02	10%	10,000,000	12.12%	1,212,000	0.330%	33,000	1,179,000	222,406,500
에스앤에스텍	2020-04-02	5%	5,000,000	-1.84%	-92,000	0.330%	16,500	-108,500	222,298,000
스튜디오드래곤	2020-04-02	10%	10,000,000	4.09%	409,000	0.330%	33,000	376,000	222,674,000
셀트리온	2020-04-02	20%	20,000,000	-3.19%	-638,000	0.330%	66,000	-704,000	221,970,000
셀트리온헬스케어	2020-04-02	10%	10,000,000	1.33%	133,000	0.330%	33,000	100,000	222,070,000
셀트리온	2020-04-03	15%	15,000,000	-0.99%	-148,500	0.330%	49,500	-198,000	221,872,000
셀트리온	2020-04-03	10%	10,000,000	5.54%	554,000	0.330%	33,000	521,000	222,393,000
셀트리온헬스케어	2020-04-03	5%	5,000,000	7.47%	373,500	0.330%	16,500	357,000	222,750,000
SK케미칼	2020-04-03	10%	10,000,000	-0.06%	-6,000	0.330%	33,000	-39,000	222,711,000
케이엠더블유	2020-04-03	20%	20,000,000	-1.56%	-312,000	0.330%	66,000	-378,000	222,333,000
SK케미칼	2020-04-03	5%	5,000,000	7.26%	363,000	0.330%	16,500	346,500	222,679,500
셀트리온헬스케어	2020-04-06	10%	10,000,000	2.34%	234,000	0.330%	33,000	201,000	222,880,500
셀트리온헬스케어	2020-04-06	10%	10,000,000	2.10%	210,000	0.330%	33,000	177,000	223,057,500
에스티팜	2020-04-06	5%	5,000,000	5.41%	270,500	0.330%	16,500	254,000	223,311,500
셀트리온헬스케어	2020-04-07	10%	10,000,000	-0.18%	-18,000	0.330%	33,000	-51,000	223,260,500
네패스	2020-04-07	10%	10,000,000	5.54%	554,000	0.330%	33,000	521,000	223,781,500
코미팜	2020-04-07	5%	5,000,000	-5.51%	-275,500	0.330%	16,500	-292,000	223,489,500
녹십자	2020-04-07	10%	10,000,000	10.37%	1,037,000	0.330%	33,000	1,004,000	224,493,500
셀트리온	2020-04-09	10%	10,000,000	6.88%	688,000	0.330%	33,000	655,000	225,148,500
비트컴퓨터	2020-04-09	10%	10,000,000	6.68%	668,000	0.330%	33,000	635,000	225,783,500
SK케미칼	2020-04-10	15%	15,000,000	4.70%	705,000	0.330%	49,500	655,500	226,439,000
쎌트리온	2020-04-10	10%	10,000,000	5.99%	599,000	0.330%	33,000	566,000	227,005,000
유한양행	2020-04-10	10%	10,000,000	-0.51%	-51,000	0.330%	33,000	-84,000	226,921,000
진원생명과학	2020-04-10	5%	5,000,000	-6.85%	-342,500	0.330%	16,500	-359,000	226,562,000
쎌트리온	2020-04-10	10%	10,000,000	2.77%	277,000	0.330%	33,000	244,000	226,806,000
셀트리온	2020-04-17	10%	10,000,000	4.75%	475,000	0.330%	33,000	442,000	227,248,000
삼성바이오로직스	2020-04-17	10%	10,000,000	8.21%	821,000	0.330%	33,000	788,000	228,036,000
파미셀	2020-04-20	5%	5,000,000	9.09%	454,500	0.330%	16,500	438,000	228,474,000

삼성바이오로직스	2020-04-21	30%	30,000,000	9.57%	2,871,000	0.330%	99,000	2,772,000	231,246,000
비트컴퓨터	2020-04-21	5%	5,000,000	-2.45%	-122,500	0.330%	16,500	-139,000	231,107,000
크리스탈	2020-04-21	10%	10,000,000	6.71%	671,000	0.330%	33,000	638,000	231,745,000
비트컴퓨터	2020-04-22	5%	5,000,000	10.73%	536,500	0.330%	16,500	520,000	232,265,000
삼성바이오로직스	2020-04-23	20%	20,000,000	5.63%	1,126,000	0.330%	66,000	1,060,000	233,325,000
비트컴퓨터	2020-04-23	10%	10,000,000	9.33%	933,000	0.330%	33,000	900,000	234,225,000
메드팩토	2020-04-23	10%	10,000,000	9.31%	931,000	0.330%	33,000	898,000	235,123,000
에코프로비엠	2020-04-23	10%	10,000,000	-1.45%	-145,000	0.330%	33,000	-178,000	234,945,000
녹십자	2020-04-24	10%	10,000,000	3.85%	385,000	0.330%	33,000	352,000	235,297,000
진원생명과학	2020-04-27	5%	5,000,000	-5.00%	-250,000	0.330%	16,500	-266,500	235,030,500
유비케어	2020-04-27	5%	5,000,000	5.89%	294,500	0.330%	16,500	278,000	235,308,500
셀트리온	2020-04-27	10%	10,000,000	5.00%	500,000	0.330%	33,000	467,000	235,775,500
셀트리온제약	2020-04-28	10%	10,000,000	-1.23%	-123,000	0.330%	33,000	-156,000	235,619,500
셀트리온	2020-04-28	10%	10,000,000	3.51%	351,000	0.330%	33,000	318,000	235,937,500
셀트리온	2020-04-29	20%	20,000,000	3.27%	654,000	0.330%	66,000	588,000	236,525,500
비트컴퓨터	2020-04-29	10%	10,000,000	6.32%	632,000	0.330%	33,000	599,000	237,124,500
셀트리온헬스케어	2020-04-29	25%	25,000,000	1.10%	275,000	0.330%	82,500	192,500	237,317,000
윈스	2020-04-29	5%	5,000,000	-2.86%	-143,000	0.330%	16,500	-159,500	237,157,500

투자는 집중력과 지수를 이겨내는 진정한 주도주의 선별, 수익을 이루어가는 전략적 사고에서 출발한다. 그래야 큰 성공들을 만들어갈 수 있다. 이 책을 통해 그 방법론을 최대한 쉽게 풀어가려고 한다. 많은 이들에게 큰 도움이 되기를 바란다.

2장

이 책이 제안하는
투자 스타일

🐂 철저하게 투자를 준비하는 루틴을 유지하라

"투자를 즐긴다." 참 좋은 말이다. 하지만 수익이 나고 리듬이 좋을 때나 통하는 이야기다. 즐거운 마음으로 상승 랠리를 타며 수익을 만끽할 때도 있지만 추락하여 골짜기를 헤맬 때도 허다하다.

어느 때라도 투자결과를 미리 알 수는 없다. 언제나 안개가 가득한 새벽도로를 걷는 기분이다. 알 수 없는 미래는 투자자에게 언제나 불안과 공포를 주지만, 성실하고 철저한 준비를 매일 해나가면서 투자를 진행했을 때는 손실이 나도 후회가 없다. 또한 미리 준비하여 기준에서 벗어나면 손절(앞으로 주가가 더욱 하락할 것으로 예상되고, 단기간에 가격 상승이 보이지 않는 경우, 가지고 있는 주식을 매입 가격 이하로 손해를 감수하고 파는 일)을 하거나 차분하게 대응한다면 그리 어렵지 않게 변화를 모색하여 손실을 회복하고, 더 좋은 기회를 포착할 수 있다. 평범한 말로 들리겠지만 투자에서는 매우 깊은 인사이트를 주는 말이다.

상사에게 "열심히보다 잘하기를 원한다"는 핀잔 섞인 말을 들어본 적이 있는가? 사실은 투자에 적합한 말이다. 실패를 통해 무턱대고 열심히 하는 투자자에서 좋은 결과를 내는 스마트한 투자자로 거듭나야 한다. 열심히만 해서는 좋은 결과를 내기가 만만치 않은 곳이 바로 주식시장이다.

잘하기 위해서는 프로들이 어떻게 하는가를 생각해보고 그것을 흉내 내고, 그들의 투자마인드와 습관을 공유하고 내 것으로 만들어야 한다. 그것이 가장 빠른 길이다. 나도 최상위권 수익률을 낼 때도 있었고 때로는 슬럼프도 겪었지만 승부사적 기질과 철저한 준비로 어떤 급변환경에서도 매일 투자를 준비하는 습관을 유지하여 어려움을 잘 극복하여 왔다.

기관투자자의 핵심 멤버로 산다는 것은 매일 아침을 철저하게 준비해야 한다는 말과 같다. 아침이면 간밤에 전개된 글로벌 상황의 핵심들을 간추려서 정리하고 나름의 결론을 가지고 증시매매에 나설 수 있어야 한다. 장 마감 후에도 점검을 통해 놓쳐서는 안 될 핵심을 꼼꼼하게 체크해야 한다. 그러기 위해 매일 꼭 봐야 할 뉴스들과 지표, 국가별, 업종별 흐름과 전망을 머릿속에 일목요연하게 정리해서 상황마다 어떻게 보고 행동할지 마음 속 결정을 해두어야 하며, 그 즉시 대응할 수 있도록 해둘 필요가 있다.

매일 이런 형태의 일지, 혹은 일기나 체크리스트를 가지고 하루하루 투자를 다지면서 해나가다 보면 점차 투자의 기초가 다져지고 실수가 줄고 뚜렷한 투자 스타일이 생기면서 프로다운 수익으로 연결될 수 있음을 확인하게 될 것이다.

나는 기관투자자 시절부터 유지해 온 준비습관을 오늘의 나와 나를 바라보는 개인투자자들에게 매일 적용하고 있다. 매일 아침 파워포인트 약 200~300페이지 분량으로 '한날을 철저하게 준비하는 스마트리포트'라는 방송을 진행해서 VOD로 녹화하여 투자자들이 참고할 수 있도록 한다. 여기에는 투자종목과 전략이 들어가고, 뉴스와 정보들이 일목요연하게 정리되어 있다. 말 그대로 매일 반복되는 철저한 준비다.

매일 일정한 분량과 시간이 반복되는 꾸준한 준비습관과 루틴을 밟는 것은 기초공사를 단단히 하는 견고한 성과의 초석이 될 것이다. 처음에는 이 작업이 매우 고되고 귀찮기도 하겠지만, 준비를 통해 계좌가 눈덩이처럼 커지는 모습을 본다면, 그 힘듦이 종국에는 기쁨이 되리라 확신한다. 운이 좋아 쉽게 부자 되기를 꿈꾼다면, 그 꿈은 영원히 이루기 힘든 미완의 꿈으로 남을 수밖에 없다.

지수와 시황, 뉴스에 너무 신경 쓰지 말고 기업, 종목에 집중하라

개인투자자들은 매일 바뀌는 주식의 등락과 그에 따른 성적표, 즉 손익에 매우 민감하다. 나는 그들과 매일 접하고 대화를 나눈다. 과거 펀드를 운용할 때는 상사들이 조직 내 고객이었다. 상대하고 설득해야 할 대상들이었기 때문이다. 지금의 나에게 일상 속 조직 상사는 바로 개인투자자들이다.

개인투자자의 가장 큰 특징은 단언컨대 매일 들려오는 뉴스에 민감하다는 점이다. 뉴스를 보도하는 매체는 자신들의 뉴스에 얼마나 주목하게 하는가에 비즈니스의 성패가 달려 있다. 따라서 호기심, 공포, 걱정을 유발하게 하는 경향이 있다. 이를 접한 투자자는 마음이 평온할 수 없다. 걱정과 근심이 일상이다. 주식이나 펀드가 급락하지 않을까 하는 마음으로 시황전망을 듣고 싶어 하고 어느 정도 안심이 되어야 공포를 딛고 투자를 이어갈 수 있다.

뉴스는 세 가지 정도로 나눌 수 있다. 호재, 악재 그리고 중간재(이것은 내가 끼워 넣은 것이다)다. 중간재는 신경 쓰지 않아도 될만한 재료 정도로 보면 된다. 어느 시기에나 뉴스와 악재가 존재하지만 모든 악재가 투자에 타격을 주지는 않는다. 그렇기 때문에 과감하게 이겨낼 만한 종목에 집중하면 소심한 걱정은 금세 떨쳐낼 수 있다. 나아가 수익이 발생하면 용기백배할 수 있다.

개인들이 직접 주식을 투자할 때는 펀드에 위탁할 때와는 달리 너무 많은 종목에 투자하면 관리가 불가능하다. 종목 수는 그야말로 한눈에 들어올 정도, 즉 5~10개면 충분하다. 가장 자신 있는 종목에 투자할 필요가 있다. 고르고 압축하고 압축하면 몇 종목에 집중하기도 부족하다. 그런 기업, 종목을 선별하는 분석력과 자신감 있는 매매가 필요한 것이다.

그런 종목과 기업이라면 지수하락은 오히려 더 큰 수익을 안겨줄 수 있다. 기초가 불안한 주식들이 우수수 추락할 때, 이런 종목은 더욱 돋보이는 추세와 결과를 보여준다. 지수하락기에 강한 종목일수록 매수세, 즉 수급이 쏠리는 현상을 자주 목도한다. 선택과 집중이 빛나는 시기다. 달리 표현하면 대세주도주의 선취매 전략이다. 먼저 알아보는 눈으로 추종매매를 극복하라는 것이다. 길목을 지키는 주도주 선취매가 개인들의 로망인 셈이다.

물론 어떤 종목도 이겨낼 수 없는 악재가 시장을 뒤흔들 때가 있다. 극단적인 악재, 예를 들어 1920년 대공황이나 2020년 3월부터 시작된 코로나19의 팬데믹(대유행)이 대표적이다. 이런 시기에는 그 누구도 급락을 쉽게 피할 수 없다. 이런 때는 글로벌 지수상황을 TOP DOWN, 즉 펀더멘탈 측면에서 각국 증시, 각국 중앙은행의 정책대응, 원자재 등 상품시장이나 환율 등을 총체적으로 살펴 투자하는 기업에 미칠 파장을 잘 고려해야 한다.

▮ 철저하게 원칙을 준수하라

원칙과 기본에 충실한 매매는 내가 알 수 없는 악재 등으로부터 계좌를 방어하기 위한 기계적 대응이라고 할 수 있다. 아무리 뛰어난 투자자라도 전혀 예상하지 못한 뉴스나 재료를 만날 때가 많다. 따라서 다 알고 있다는 자만심은 결코 도움이 되지 않는다. 거대한 시장은 고집, 교만에 빠진 투자자를 가장 쉬운 희생양으로 삼는다. 현명하고 뛰어난 투자자는 철저하게 준비하되 자신의 원칙, 가장 대표적으로 위험관리, 손절 등에 있어서 항상 준비하고 반응해야 한다.

손절, 즉 일정수준을 벗어난 평가손 확대를 매도로 차단하는 것은 개인들에게 가장 쉽지 않은 결정이다. 손실이 난 상태에서 주식을 판다는 것은 매우 가슴 쓰린 일이다. 그래서 고민을 거듭하다 결국 본전이 올 때까지 기다려보자는 생각이 가장 먼저 마음을 지배한다. 이러다 보면 버티고 버티다가 공포심이 극단을 치닫고, 이 과정까지 지나고 나면 자포자기 상태로 무작정 장기투자로 전환하는 경우가 다반사다.

투자에 매번 성공할 수는 없다. 승률은 한계가 있다. 그 한계를 인정하고 앞으로 다가올 좋은 기회가 있음을 상기하며 자신을 생각지 못한 수준으로 내모는 주식이나 투자는 결단코 일단 정리해야 하는 것이 원칙이다. 물론 그런 투자결정을 애초에 덜하는 것이 지혜이지만 어찌해도 피할 수 없는 투자자의 숙명은 손절에 직면하는 경우가 있다는 것이다. 그때는 행동해야 한다.

♟ 하나로 끝장을 보기보다는 복리효과를 극대화하라

아무리 뛰어난 종목을 발굴하고 투자해도 상승랠리를 온전히 모두 수익으로 취하기는 어렵다. 더 상승할 것으로 판단하고 보유하다가 하락으로 전환해서 수익이 크게 줄어드는 경우도 많다. 속칭 대박주가 시장에 즐비하다는 생각에 사로잡히다 보면 끝장을 보려다가 오히려 역풍을 맞는다. 개인의 자금 규모는 한계가 있기 때문에 좋은 주식을 좋은 타이밍에 매수해서 몸통시세를 취하고 또 다른 좋은 종목을 매수하는 전략으로 투자자금을 굴려야 한다. 회수와 투자를 진행하면 회전율이 올라가며 투자수익의 복리효과가 극대화될 수 있다.

시장에 대박은 적지만 중박은 많다. 이 사실을 마음에 새겨야 한다. 투자자는 중박 정도의 종목들을 옮겨다니면서 적극 활용할 수 있어야 한다. 물론 아주 자신 있는 종목은 최대한 수익을 극대화하도록 투자비중을 과감하게 끌어올리고 최대한 보유하면서 계좌수익의 점프를 시도해야 할 때도 있다.

한 종목으로 계좌수익을 몇 배로 올리기는 어렵지만 좋은 종목을 갈아타면서 복리효과로 수익을 몇 배로 올리는 것은 충분히 가능하다. 그리고 이것이 계좌를 불리는 현실적인 방법이다.

3장

글로벌 시장과
국내증시를
종합적으로 판단하기

TOP DOWN

투자란 아무리 오래해도 딱 이것이라고 주장하기에는 부족함이 있다. 결과물인 수익이 항상 잘 나올 수 없기 때문이다. 장세가 좋을 때는 누구나 어느 정도의 평균적 수익을 낼 수 있고 목소리도 커질 수 있다. 그러나 큰 하락세가 나타나면 그 어려운 시기 이후 누가 이 시기를 잘 헤쳐나왔는지 금방 확인할 수 있게 된다.

무너지지 않는 투자가 결국 이긴다. 무너지지 않는 투자란 기본에 강한 투자다. 이는 반드시 가치투자나 멋진 이론에 근거한다기보다는 철저한 빌드업의 과정을 통해 험악한 파고를 큰 흔들림없이 원칙과 원리에 입각에 위험을 관리하고 기회를 스마트하게 포착하는 투자방법을 일컫는다고 생각한다.

이런 기본원리를 단지 가치투자, 혹은 기술적 분석, 시스템트레이딩 등 알고리즘 매매, 인덱스 투자 등의 어느 한 단편으로 설명할 수는 없다. 좋은 결실을 맺기 위해서는 정말 잘 할 수 있는 좋은 것들을 잘 결합해서 모두 잘 구사할 수 있어야 한다. 그래서 장점들을 실전에서 종합하여 잘 구사하는 스킬이 필요하다.

그렇다고 이것저것 가져다가 헝겊을 짜깁기하듯 중구난방이 되거나 누더기가 되어서는 곤란하다. 단순하면서도 실전적이고, 유약하지 않고 강력한 수익을 보여줄 수 있어야 하며, 혹은 잘 방어할 수 있는 분명한 위험관리의 변곡구간도 발견할 수 있는 투자와 매매 방법이 있어야 하겠다.

⟳ 반전율(황금률)의 세계로 첫발 내딛기

앞서 회원들의 놀라운 수익률을 증거로 내세웠지만, 우리가 만만한 시장을 지나온 것은 결코 아니었다. 아니 오히려 거친 파도가 배를 집어삼킬 듯한 위태로운 시기를 지나왔다고 해야 한다. 2018년은 1999년과 2000년 초반까지 등장한 밀레니엄 버블이 터진 시기 등과 비견될 정도로 가파르고 거친 하락세가 단기간에 나타난 시기다. 코스닥 지수는 2018년 하반기에 한 달 동안 약 20%의 하락을 기록할 정도로 급격한 패닉을 불러와 연간 30% 이상의 하락세를 기록하기도 했다. 2000년 이후 최고의 급락 장세였던 것이다.

그리고 2020년은 2차대전 이후 최악이라고 일컫고 있고, 아직도 여전히 서슬 퍼렇게 진행중인 코로나19의 전세계적인 팬데믹으로 상상할 수 없었던 타격이

차트 3-1 코스닥지수 일봉, 어려운 구간을 지나면서도 계좌는 놀랍게 성장

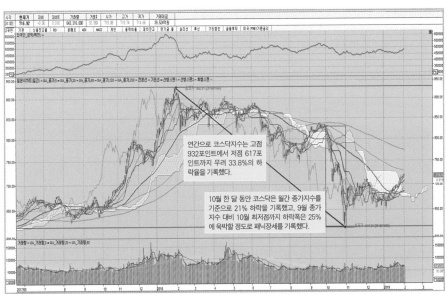

연간으로 코스닥지수는 고점 932포인트에서 저점 617포인트까지 무려 33.8%의 하락율을 기록했다.

10월 한 달 동안 코스닥은 월간 종가지수를 기준으로 21% 하락을 기록했고, 9월 종가지수 대비 10월 최저점까지 하락폭은 25%에 육박할 정도로 패닉장세를 기록했다.

실물경제, 증시 그리고 소비와 소득에 충격을 가했다.

이런 큰 위기를 잘 관리하고 오히려 기회를 포착하여 투자에서 큰 성과를 냈다면, 이는 나름대로 그 과정에서 확고하게 적용된 투자방법과 전략적인 기법이 통했다는 의미일 것이다. 그 증거를 기록으로 남겨 향후 활용할 수 있도록 함이 중요하다고 생각한다.

나는 펀드매니저로 오래 일하면서 TOP DOWN 방식으로 장세에 접근하였다. 이는 펀더멘탈 접근방식이다. 여기에 업종과 종목의 강력한 수익분출 구간을 포착하는 BOTTOM UP을 결합하였다. 두루뭉실한 인덱스, 혹은 포트폴리오이론보다 적극적이고 임팩트 있는 성과를 도출하려는 목표 때문이었다.

⏲ 반전율로 각국 증시 변곡점 찾아내기

세계를 관통하는 악재는 세계적 수렴점을 찾고 국내증시와 종합적으로 판단하는 TOP DOWN을 통해 지수나 주가의 목표치를 찾아낼 수 있다.

내가 이 책에서 여러 번 강조할 예정이고, 나의 비법이라 할 수 있는 '황금률(반전율)'은 모든 증시, 모든 시장, 즉 주식, 채권, 상품시장 등 어디에나 적용가능한 기술적 분석의 간결한 참고수단을 제공한다. 단순하고 쉽고 강력하다. 특히 이동평균선이나 파동이론에만 편중된 분석을 등락률과 각국 증시나 각 시장을 전체적으로 모아서 비교분석하고 공통적인 핵심포인트를 발견하여 증시의 등락 목표치나 변곡점 등을 예측하는 데 매우 유의한 시사점을 제시한다.

이번 코로나19 팬데믹은 모두의 상상을 뛰어넘는 크나큰 위기이다. 우리에게 극심한 공포의 세계를 보여주었던 금융위기를 초월하는 수준이다. 짧은 기간 깊

차트 3-2 코스피지수 주봉, 반전율로 하락목표치 적중

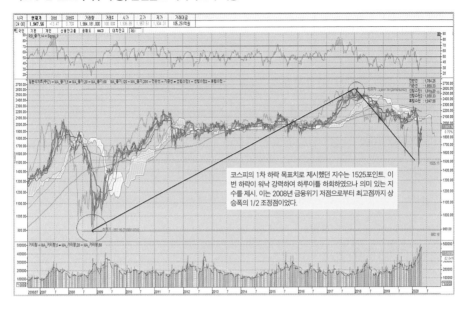

코스피의 1차 하락 목표치로 제시했던 지수는 1525포인트. 이번 하락이 워낙 강력하여 하루이틀 하회하였으나 의미 있는 지수를 제시. 이는 2008년 금융위기 저점으로부터 최고점까지 상승폭의 1/2 조정점이었다.

차트 3-3 코스닥지수 주봉, 반전율로 하락목표치 적중

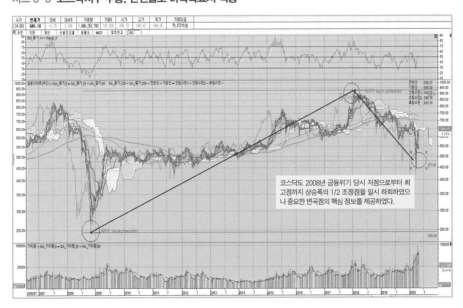

코스닥도 2008년 금융위기 당시 저점으로부터 최고점까지 상승폭의 1/2 조정점을 일시 하회하였으나 중요한 변곡점의 핵심 정보를 제공하였다.

은 조정으로 진행되어 공포의 극한점을 노출했고 이는 기존의 기술적 분석툴로는 한계가 있었다. 이번 코로나19를 거치면서 내가 제시한 하락의 목표치와 글로벌 증시의 전반적 추세변곡점을 간략하게 복기해보면 황금률(반전율)을 활용한 접근법이 얼마나 탁월한 시사점을 주는지 확인할 수 있다.

이번 급락기에 내가 제시한 코스피의 하락목표치는 1525포인트였다. 워낙 공포가 극단에 달해 1400선까지 하락했으나 이틀 정도 하회하였다가 이내 목표지수 이상을 회복하고 급등하였다. 이 지수는 2008년 금융위기 당시 찍었던 저점으로부터 사상최고치까지 상승폭의 1/2 조정점(로그차트기준)이었다.

코스닥도 금융위기 저점과 최고점 사이의 1/2 조정점(로그차트기준)을 일시 이탈하였으나 바로 회복하여 급반전을 이루었다. (앞 페이지 차트 참조)

독일증시는 좀 더 견고한 펀더멘탈로 1/3 조정점에서 변곡점을 확인했다.

프랑스증시는 코스피, 코스닥과 동일한 1/2 조정점 근처에서 변곡점을 확인하고 반전했다. (차트 3-5 참조)

잠시 살펴본 반전율(황금률)을 활용해 세계 각국 증시가 이번 코로나19에서 어느 지점에서 반등했는지 확인이 가능하다. 복잡한 과정을 지나온 것처럼 보이지만, 반전율로 살펴보면 간단히 해답을 찾을 수 있다. 반전율은 이동평균선이나 여러 파동이론과 병행하여 반드시 적용해 보아야 한다. 반전율을 사용하면 기존 기술적 분석이 제공하지 못하는 귀중한 정보를 얻을 수 있다. 이를 통해 결정적인 매수타이밍이나 매도타이밍을 찾을 수 있다.

차트 3-4 독일 DAX지수 일봉, 반전율상 1/3 조정점에서 반등

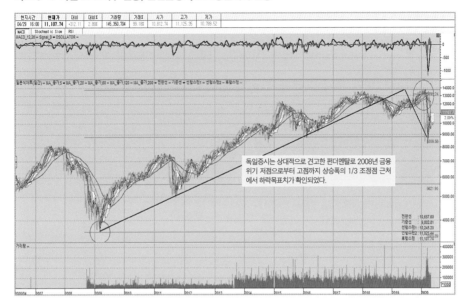

독일증시는 상대적으로 견고한 펀더멘탈로 2008년 금융위기 저점으로부터 고점까지 상승폭의 1/3 조정점 근처에서 하락목표치가 확인되었다.

차트 3-5 프랑스 CAC지수, 반전율상 1/2 조정점에서 반등

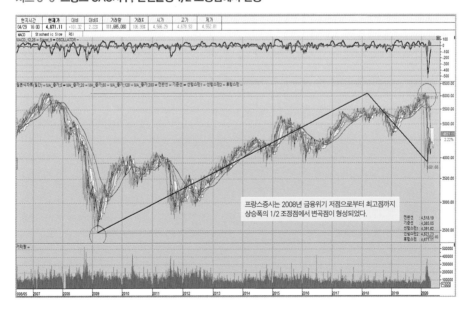

프랑스증시는 2008년 금융위기 저점으로부터 최고점까지 상승폭의 1/2 조정점에서 변곡점이 형성되었다.

⏱ 반전율로 개별기업의 변곡점 찾아내기

개별기업의 주가차트도 반전율이 쳐놓은 그물망을 피해가지 못한다. 여지없이 반전율의 레이더에 포착이 된다. 반전율은 지수에만 적용되는 단순한 비법이 아니다. 가격이 있는, 즉 차트가 만들어지는 모든 대상에 적용이 가능하다.

세계적 악재상황에서 글로벌 대표 IT기업인 애플과 삼성전자가 어떤 상황을 겪었는지 보자. 전자는 선진국인 미국, 후자는 신흥국인 한국의 대표 기업이다. 기업의 수익모델에 따라 다소 차이는 있으나 반전율이 결정적 변곡점을 말해 주고 있다.

애플은 두 차례의 큰 조정에서 1/2 반전율 구간에서 정확한 반전을 이루었다. 이에 비해 삼성전자는 첫 구간에서는 1/3 반전율로 상대적으로 조정이 작았고 두 번째 조정은 더 깊은 2/3 반전율 구간에서 겨우 반전하였다. 삼성전자가 수익모델과 소속국가의 차이를 드러냈다고 볼 수 있다. (다음 페이지 차트 참조)

한편으로는 놀라우면서도 한편으로는 너무나 간단하여 힘이 빠지지 않는가? 길을 감에 있어서 모르고 가면 한 치 앞도 미리 알 수 없으나, 알고 가면 커브길과 좁은도로를 미리 알 수 있다. 아무리 밀림이 울창하여 한발 딛기도 어려운 정글도 높은 하늘에서 보면 가야 할 길을 쉽게 알 수 있다. 반전율은 정글 위를 비행하며 가야 할 길과 가서는 안 되는 길을 알려준다.

차트 3-6 애플 일봉, 1/2 반전 구간에서 반전

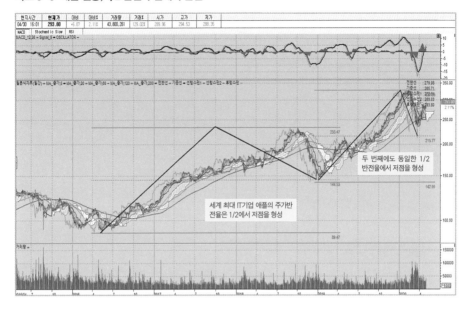

차트 3-7 삼성전자 일봉, 2/3 반전 구간에서 반전

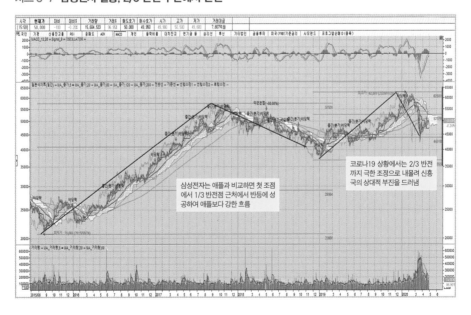

4장

큰 수익을 얻고 싶다면,
전략적 주도주로 집중승부하라

조정장세인가 혹은 대세상승장세인가에 따라 취해야 할 전략은 분명 크게 다르다. 그러나 분명한 사실 하나는 장세가 어떠하든 간에 주도주를 선취매하고 압축 승부하는 것이야말로 최고의 성과를 가져다 준다는 것이다.

2018년 상승파동이 마무리되고 조정이 본격화되면서 6월경에 또 한 차례의 지수급락을 맞이하게 된다. 이 시기에도 코스피, 코스닥 양대지수는 물론 주요 신흥국 증시가 큰 조정을 거친다.

그러나 이 시기에 내가 취한 전략은 철저한 업종, 섹터의 차별적 접근이었다. 거친 바다에서 오히려 더 많은 물고기를 걷어올렸다.

당시 코스피지수는 약 10%의 하락을 기록했지만 이 시기에 성장섹터로써 강하게 글로벌 시황을 주도할 것으로 예상되었던 전기차 등 대체에너지 섹터는 오히려 저가매수의 기회였다. 이에 핵심업종, 이슈로 2차전지 대표종목들을 엄선한 결과 〈일진머티리얼즈〉, 〈코스모신소재〉, 〈포스코켐텍〉 등이 선별되었다. 투자 결과 지수가 10% 급락하는 상황에서도 투자자들의 성과는 급락 100일 동안 최대 50%의 수익이었다.

차트 4-1 코스피지수 일봉, 조정장세에서 주도주로 승부

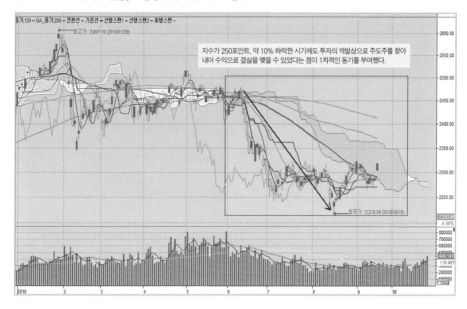

지수가 250포인트, 약 10% 하락한 시기에도 투자의 역발상으로 주도주를 찾아 내어 수익으로 결실을 맺을 수 있었다는 점이 1차적인 동기를 부여했다.

차트 4-2 일진머티리얼즈 일봉

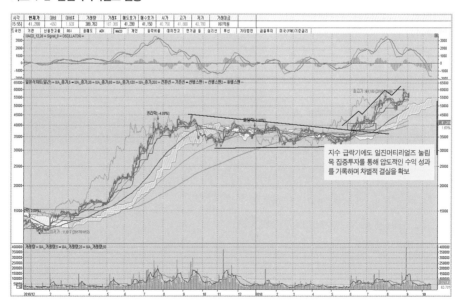

지수 급락기에도 일진머티리얼즈 눌림 목 집중투자를 통해 압도적인 수익 성과 를 기록하며 차별적 결실을 확보

차트 4-3 코스모신소재 일봉

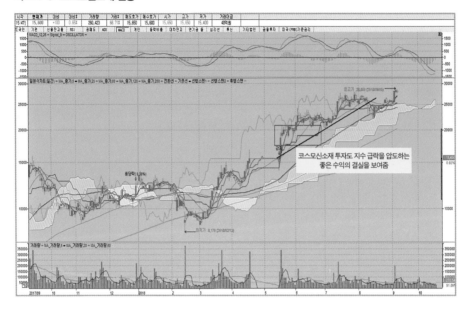

코스모신소재 투자도 지수 급락을 압도하는
좋은 수익의 결실을 보여줌

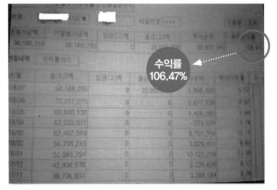

실제 투자자의 성과도 계좌 캡처를 통해 간략하게 엿볼 수 있다.

투자는 평정심을 유지하고 절제된 마인드와 함께 기본을 항상 기억하는 게 중요

하다. 이 기본기가 투자자의 인생에 큰 반전의 실마리를 만들어 주는 것이다.

차트 4-4 아난티 일봉

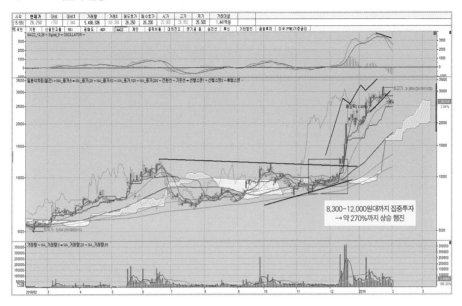

8,300~12,000원대까지 집중투자
⋯ 약 270%까지 상승 행진

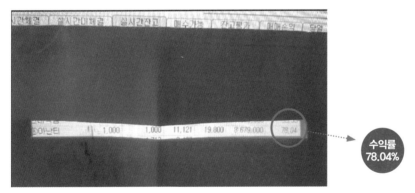

수익률
78.04%

2018년 10월의 코스닥 급락을 겪은 후 가장 먼저 정책이슈 등으로 장세가 점차
바닥을 확인하자 첫 번째 큰 성과를 보여준 종목은 남북경협주 〈아난티〉였다.

차트 4-5 풍국주정 일봉

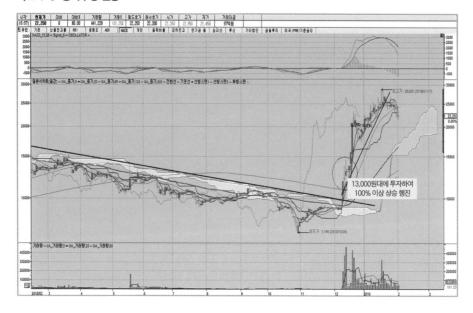

13,000원대에 투자하여
100% 이상 상승 행진

두 번째 강력한 씨앗은 〈풍국주정〉과 〈일진다이아〉 등 친환경 섹터의 수소차 관련주였다.

세 번째 〈포스코엠텍〉, 〈경농〉, 〈도화엔지니어링〉 등 남북경협 후발주 공략의 적중이었다.

이처럼 2018년 10월말 이후 2019년 1분기에 접어드는 시점에 집중투자한 종목 선정과 그 결실은 투자자마다 단기간에 폭발적인 성과를 보여주었다. 8종목이 연속으로 평균 약 100% 상승율을 기록하면서 BIG8이 적중하였다.

차트 4-6 일진다이아 일봉

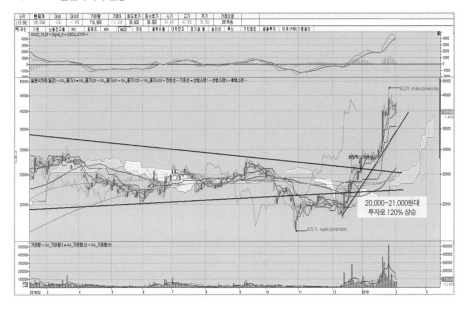

20,000~21,000원대
투자로 120% 상승

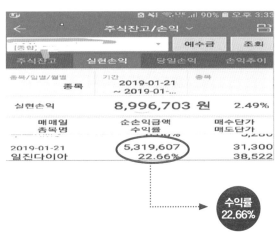

수익률
22.66%

차트 4-7 포스코엠텍 일봉

6,000~6,300원대 집중투자,
11,000원대까지 약 80% 상승

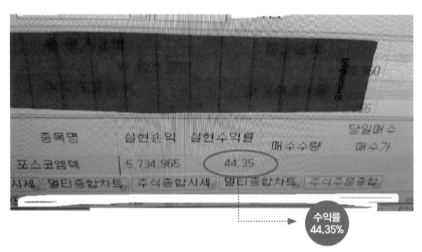

종목명	실현순익	실현수익률	매수수량	당일매수 매수가
포스코엠텍	5,734,965	44.35		

수익률
44.35%

차트 4-8 경농 일봉

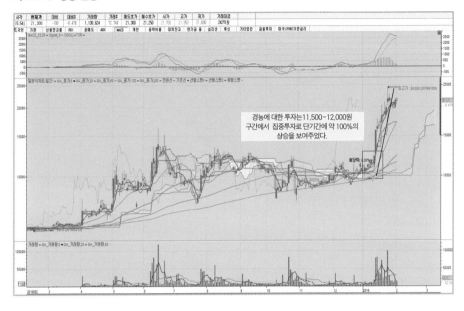

경농에 대한 투자는11,500~12,000원
구간에서 집중투자로 단기간에 약 100%의
상승을 보여주었다.

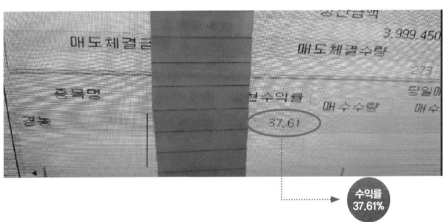

차트 4-9 이엠코리아 일봉

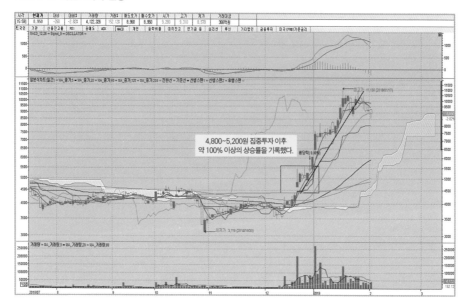

4,800~5,200원 집중투자 이후
약 100% 이상의 상승률을 기록했다.

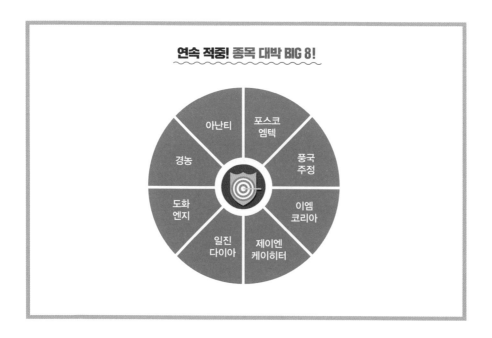

연속 적중! 종목 대박 BIG 8!

아난티
포스코엠텍
풍국주정
이엠코리아
제이엔케이히터
일진다이아
도화엔지
경농

5장

종목 공략에
성공하기 위한 실전적 팁

마음자세

종목을 공략하고 승부할 때 실전에서 가져야 할 심리적 자세를 간략하게 정리해
보았다.

신선한 종목에 접근하라. 그리고 공략종목을 압축하라

대부분의 투자자들은 대상을 물색하고 투자를 결행하는 데 많은 편견과 잘못된
습관을 가지고 있다. 가장 좋지 못한 습관 중 하나는 실패한 종목을 창고에 방치
한다는 점이다. 이런 종목들이 쌓이면서 계좌는 실패 목록으로 물들어간다.

　계좌나 펀드는 전체가 활력이 넘치도록 지속적이고 치밀하게 관리되어야 한
다. 그 어떤 자금도 소중하게 활용되지 못하고 방치될 여유가 없다. 손실이 난 종
목을 붙들고 막연한 기대로 버티는 전략은 옳지 않다. 결단은 빠를수록 좋다.

　계좌는 여러 종목의 수익과 손실이 뒤엉킨 결과물로 나타난다. 따라서 종목을
따로 바라볼 것이 아니라 전체 계좌의 일부로 바라봐야 한다. 전체 계좌에 도움
이 안 되거나 강한 목표가 없는 종목은 과감히 정리해야 한다. 대책 없이 방치할
여유가 없다.

🔳 모든 자금은 임팩트 있게 능동적으로 투자될 수 있어야 한다

임팩트가 있다는 말은 분명한 의지를 가지고 목표지향적인 투자가 되어야 한다는 의미다. 그것이 꼭 단기목표일 필요도 없고 모멘텀이나 이슈, 테마가 결부되어야 할 필요도 없다. 다만 가치투자나 매력적인 여러 가지 이유로 반드시 투자에 애착을 가질 만한 종목으로써 투자자에게 어필하고 있어야 한다. 바라볼 때 실패라는 인상을 주거나 패배의 느낌, 어쩔 수 없이 보유한다는 피동적 상황이라면 이는 문제가 있다.

🔳 막연한 눌림목, 과거 좋았던 패턴이라는 이유로 반복된 실수를 범할 수 있다

우리는 가끔 눌림목(오르던 시세가 일시 내리는 현상)이라는 이유로 막연하게 안전하다는 느낌이나 조만간 급반등할 것이라는 설명할 수 없는 기대감을 갖고 접근한다. 눌림목이 깊을수록 사실상 매물압박이 강했다고 평가할 수 있는데도 말이다. 고점에서 많이 밀려날수록 기술적 반등을 노리는 단기매매자들의 개입이 증가해서 수급은 무거워질 수 있다는 점도 우려의 요소다.

나는 눌림목보다는 반전율의 분기구간인 1/3, 1/2, 2/3 조정점에서만 의미 있는 결과를 노린다. 눌림목 혹은 기술적 반등을 노리는 투자도 최대한 반전율에 입각해 압축할 것을 권하는 바이다.

우리는 이동평균선들을 중심으로 지지를 기대한다. 5일, 20일, 60일, 120일, 200일 혹은 유의미하다고 판단하는 중장기 이평선을 신봉하는 분석자들마다 이를 주장한다. 주봉상의 여러 이평선 그리고 월봉상의 이평선, 기타 지지선들을 추세선으로 그어 지지될 것을 기대하는 눌림목 매매가 그것이다. 그러나 눌림이란 결국 하락을 의미하고 기술적으로 반등할 가능성은 매번 기대를 충족하기에는 그 횟수가 현저히 적다. 반등의 탄력, 즉 반등폭이 정말 기대할 만한 수준에 이르는 경우는 얼마나 되는가도 생각해야 한다.

⌗% 모든 전투에서 승리할 수 있다는 생각은 버려라

투자자들은 손실을 보면 피 같은 종잣돈이 잘려나가는 상황을 받아들이지 못한다. 그래서 '손절', 즉 위험관리를 결행하지 못한다. '기다리고 버티면 언젠가는 다시 올라오겠지'라는 생각으로 자기위안을 삼는다. 특히 나이가 많은 투자자일수록 미련을 떨치지 못하는 성향이 강하다.

손실 구간에서도 문제지만 이익 구간에서도 똑같은 문제가 발생한다. 수익이 나면 어느 시점에는 수익을 챙기고 매도를 해야 함에도 더 큰 욕심에 매도 결정을 유보한다. 그러다가 심하면 다시 제자리로 돌아가는 아픔을 겪게 되는 것이다.

비현실적인 이야기에 휩쓸리는 몽상가적 투자자가 되어서는 안 될 일이다. 좋은 이야기에 쉽게 빠져들어 환상을 가지고 종목을 대하거나, 지나치게 높은 수익을 추구하는 방식은 실패로 귀결될 가능성이 큰 투자다. 언제나 냉정하게 차가운 머리를 유지하면서 시장을 바라봐야 하고, 만약 높은 승률을 꿈꾼다면 시장의 현실을 철저하게 직시하고 그에 맞는 업종, 섹터를 선정하고 적합한 목표수익을 정하는 데 주력해야 한다.

🔲 매도가 매수보다 훨씬 중요하다

매수는 다발적으로 등장하는 뉴스와 호재들로 개인들을 충동구매로 유혹하기 때문에 너무 쉽게 저질러진다. 그러나 매도는 다르다. 그리 쉽게 탈출할 기회를 주지 않는다. 충동을 받은 투자자가 그 좋은 뉴스를 머리에 두고 이를 자꾸 되뇌이는 한 매도는 요원한 일이 되고 만다. 투자에서 매수와 매도의 중요도를 비율로 따진다면 3:7 혹은 2:8 정도라고 생각된다.

🔲 매도에 대한 명확한 기준을 설정하고 있어야 한다

첫 번째, 제안하는 매도의 이유는 매수의 이유가 흐려졌거나 기본 토대가 흔들릴 때다. 호재의 근간이 흔들린다면 계속 보유해야 할 곁가지 이유를 들이대지 말자. 특히 테마로 가는 종목이 손절해야 할 타이밍이 오면 재무제표나 가치를 들이대며 보유를 위한 변명거리를 떠올린다. 이는 큰 후유증을 낳을 수 있다.

두 번째, 객관적으로 충분한 가치에 근접했다고 판단된다면, 분할매도라도 시작하자. 매도 버튼을 누르기 시작했다는 데 의미가 있다. 기술적 분석을 추종하여 추세론에 몰입하다보면 오르면 더 오른다고 주장하고 하락하면 더 하락한다고 주장하는 입장을 고집스럽게 고수하기 마련이다. 그러다 보니 고점매수, 저점매도가 많아진다. 참다참다 막판에야 행동으로 옮기기 때문이다. 그러나 추세론과 가치투자를 적절하게 결합하지 않으면 결단력이 현저하게 떨어지고 추격매수와 추격매도의 성향이 자주 나타나 큰 타격을 입곤한다. 투자대상의 재료와 그에 따른 나름대로 냉정한 가치를 정해두고 특히 시가총액이나 PER, PBR 등의 가치

판단 지표상 목표를 정해둘 필요가 있다. 그에 근접하면 냉정하게 매도할 수 있어야 한다.

세 번째, 반전율의 결정적 분기구간인 1/3, 1/2, 2/3 구간에 근접했을 때 돌파 에너지인 추세의 힘이나 거래량이 수반되지 못하면 매도를 고려해야 한다.

☜ 남들에게도 먹을 것을 남겨두어야 한다

"무릎에서 매수하고 어깨에 팔라"는 투자격언이 있다. 정확한 바닥권 매수와 고점매도가 그만큼 어렵다는 뜻임과 동시에 저점에서 고점까지 모두 수익을 내려고 하기보다 몸통의 큰 수익부분을 취하고 나머지는 다른 몸통을 공략하는 데 집중하라는 의미이기도 하다. 투자자는 이와 같은 큰 마디 흡수에 주력하고 나머지 작은 수익은 넘겨준다는 자세가 바람직하다. 이는 결단을 내리고 자금을 효율적으로 활용하는 데 매우 큰 도움이 된다.

☜ 요행보다 철저하게 준비하는 매매자세, 성실하고 겸손한 투자자세

요행히 큰 수익이 나면 투자자는 흥분상태가 된다. 그러나 준비를 철저하게 해서 자주 수익을 내는 투자자에게 흥분이란 없다는 점을 기억해야 한다. 준비와 좋은 결과의 인과관계가 성실한 투자습관을 유지시킨다. 그리고 실패할 경우 자신을 돌아보는 겸손한 투자자세가 실수를 줄인다. 자기 잘못에서 유래된 실수를 다음 투자에서 반복하지 않으려는 노력은 분석적 측면도 있으나 대부분은 정신적, 심리적인 것이다. 시장은 오만하거나 교만한 투자자를 오래 남겨두지 않는다.

📊 추세 지속이냐 반전이냐? 순환이냐 집중이냐? 전략전술적 판단을 내려야 한다

추세가 시작되는 지점에서의 패턴은 4가지 정도로 압축할 수 있다. ① 쉬었다가 다시 가는 지속형, ② 조정받다가 반전하는 반전형, ③ 응축했다가 폭발하는 수렴 후 발산형, ④ 주도업종, 섹터가 지속상승을 주도하는 집중의 시기와 일정 주도흐름이 순차적으로 상승하는 순환형으로 나눌 수 있다.

투자자는 참여하고 있는 시장이 어떤 유형의 시장인지 비록 정확하게 맞추긴 어렵더라도 개략적으로 판단을 내리고 그 판단에 맞는 전술적인 접근을 해가야 수익을 자신의 시나리오에 맞게 크게 적중시킬 수 있다.

📊 시장의 주도흐름에 대해 지나친 거부감이나 애착은 수익에 결코 도움이 안 된다

투자자는 자신이 과거에 좋은 성과를 거둔 바 있는 업종, 테마, 이슈에 쉽게 호의적인 태도를 취하는 경향이 있다. 반대로 자신이 탐탁치 않은 결과를 낸 쪽에 대해서는 냉소적이거나 무관심을 보이는 경우가 많다. 투자자가 만능일 수는 없지만 이를 극복하려는 노력으로 거부감, 집착을 버리려는 평상시 노력이 성실한 분석을 통해 지속되어야 한다.

☜ 부러워하면 지는 것이다

골프라운딩을 하다 보면 다른 동반자가 좋은 샷을 했을 때 이를 지나치게 의식하다가 스스로 샷이 무너지는 경우를 자주 본다. 어깨에 힘이 들어가거나 긴장한 결과다. 투자자도 자신이 투자하는 상황에서 다른 투자자들의 환호나 큰 성과를 목격하게 된다. 어떤 종목이나 투자대안을 누가 독점할 수는 없다. 얼마든지 열린 자세로 수익에 동참할 수 있다. 너무 늦지 않으면 된다. 이렇듯 시장에 부러움이나 질투보다 열린 마음으로 좋은 투자대안을 받아들일 수 있다면 기회는 항상 곁에 있는 것이다.

☜ 진행하다가 중단된 공사, 꺼진 불도 다시 보는 자세

강력한 대시세는 상당 기간의 매집 과정 이후 시작되는 경우가 많다. 주가흐름이 단번에 연속성 있게 깔끔한 분출로 이어지는 경우보다는 여러 우려곡절을 겪는다. 중간에 투매 등 우여곡절 끝에 매집된 차트가 다시금 상승추세로 진입하여 강한 흐름을 보이는 것이다. 추세적인 매집흐름에서 투매가 나오면서 급락하는 가격구간을 '단층지대'라고 부르고자 한다. 이 단층지대는 추후 다시 강한 매수세로 일거에 극복되고 다시금 본래 상승궤도로 복구된다. 에너지가 구축된 차트들은 종목마다 변형된 형태가 존재하지만, 이를 극복하고 집중하면 큰 성과를 거둘 수 있다.

주가가 큰 수익을 만들어가는 과정에서는 '중단됐던 건물공사가 다시 재개되는 흐름'이 자주 목격된다. 공사가 중단된 이유는 시장 전반적인 악재나 일시적인 업종의 부진, 과도한 개인들의 따라붙기를 따돌리는 과정 등 여러 가지 원인에서 기인하지만 결국 큰 분출로 이어진다는 결과는 동일하다.

📊 떨어지는 칼날도 잡을 수 있다

"떨어지는 칼날을 잡지 마라"는 투자격언이 있다. 그럼에도 불구하고 많은 투자자들이 이곳이 떨어지는 칼날의 마지막 지점이기를 바라며 싼 가격에 매수하기를 원한다. 그만큼 떨어지는 칼날은 공포를 주기도 하지만, 주식을 싸게 살 절호의 기회이기도 하다.

주식투자의 원론적인 이야기는 진부하다. 우리는 오래되어 무뎌진 격언에 의존하기보다 강력하고 임팩트 있는 수익을 위해 바닥에서 낚아채어 10루타를 써나갈 멋진 승부를 원하고 있지 않은가? 이것이 이론적으로 가능하다면 투자는 재미와 수익을 동시에 만족시켜줄 수 있을 것이다.

드라마의 극적 반전은 재미와 강력한 메시지를 전한다. 투자도 마찬가지다. 강력하고 임팩트 있는 반전은 눈부신 수익을 안겨주는 반전드라마와 같다.

다음 차트는 극단적 투매로 추락하던 〈아모레퍼시픽〉을 반전의 타이밍, 즉 반전율을 활용한 칼날 끝에서의 매집으로 순식간에 40% 이상의 반전수익을 거둔 임팩트 투자의 묘미를 보여준다.

재능이나 시간의 부족 때문에 많은 사람들이 주로 펀드 등에 위탁하는 경우가 많다. 전세계적인 주류와 달리 국내증시는 HTS를 통한 개인투자자들의 직접 거래가 그 어떤 시장보다 활기차게 진행되고 있다. 부존자원이 많지 않은 한국의 가장 큰 자산이자 원동력은 지적 에너지라고 하지 않는가.

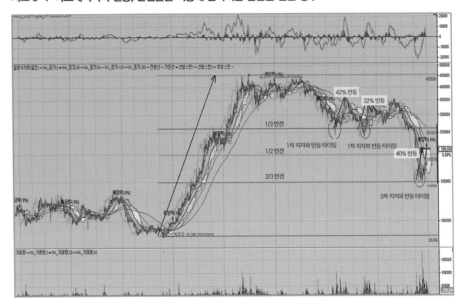

투자는 자기를 대신하여 자본을 불려줄 가장 효과적이고 안정적인 수단을 택하는 것이 핵심이다. 내가 잠을 자던 여행을 하던, 다른 바쁜 일들에 묻혀 지내더라도 나를 대신하여 열심히 부를 축적해주는 기업이나 채권 그리고 부동산 등이 그것이다.

나를 위해 대신 열심히 일해줄 청지기와 같은 재테크 수단이 절실하다. 그러나 투자의 마인드는 여유를 가지고 길게 보며 가야 진정한 기회를 맞이할 수 있다. 마치 씨를 뿌리는 농부의 자세로 좋은 종자, 씨앗을 선택해 정성스럽게 가꾸는 준비와 자세가 필요하다.

그러다 보면 가끔은 마법처럼 순식간에 재산이 풍선처럼 부풀려지는 극적인 기회들이 다가온다. 여유 있게 투자한다는 말은 결코 성과가 늦게 나타나는 투자를 의미하지 않는다. 투자를 시작하는 자세가 느긋할 때 진정한 기회를 잡을 수 있다는 뜻이다. 조급함은 투자뿐만 아니라 우리 인생에 도움이 되지 않는다.

여러분이 읽는 지금 이 책은 기관에서 오랫동안 대규모 자금을 이용해 주식, 채권, 파생상품 등을 운용하던 내가 개인투자자들을 자문하면서 쌓아온 방법론에 관한 내용이다. 매일 반복되는 치열한 투자의 세계에서 좀 더 강하고 탄탄한 수익의 문을 여는 방법이 무엇인지 고민하였다.

특히 임팩트 있는 큰 수익을 거두기 위해서는 먼저 확률 높은 기회를 선별해야 한다. 낚싯줄을 담그고 무작정 기다려서는 될 일이 아니다. 개인투자자들에게 투자는 세월을 낚는 여유로운 취미생활이 아니다. 물고기들이 가는 길을 레이더를 통해 감지하고 그곳에 그물을 던지는 어부가 되기를 바란다. 한 마리씩 잡아서는 양에 차지 않는다. 그물이 무거워서 들어올리기 힘들 만큼 만선의 기쁨을 얻고자 한다. 따라서 선택과 집중, 전략이 중요한 것이다.

큰 수익이 목표라고 하여 위험한 길을 가겠다는 의미는 아니다. 상당 기간 비축된 에너지가 분출하기 직전에 공략하는 선별적, 전략적 공략타이밍 선정에 성공하면 지속적으로 눈부신 투자성과를 거둘 수 있다.

이것이 이 책의 핵심이다. 반전율의 핵심이기도 하다.

떨어지는 칼날을 잡지 마라는 오랜 격언과는 반대로 투매 속에서 반전의 변곡점을 잡아 과감하게 투자하는 반전율의 활용, 강력한 분출 직전에 포착하여 실패하지 않고 수익으로 연결하기 위한 삼각수렴과 변형된 추세분출 패턴들의 세부적인 공략법을 제시한다. 또한 부챗살처럼 박스권을 헤매는 주식도 분출타이밍을 잡아 급소에서 큰 기다림없이 수익을 크게 확보하는 접근법을 제시한다.

또한 개인투자자들이 가장 어렵게 여기는 고점매도, 저점매수에 대한 몇가지 기술적 해법도 제시한다.

그리고 주식을 구성하는 핵심요체인 PER의 마법과 이를 용이하게 활용하는

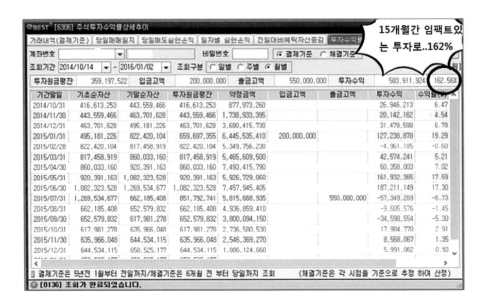

방법도 설명하여 개인투자자도 간략한 이론을 통해 주식의 가치와 미래목표수익률을 쉽게 산출할 수 있도록 한다.

투자는 재미있어야 한다. 그리고 안정적이라면 금상첨화지만, 그보다는 수익이 만족스러워야 한다. 결국 투자는 재미와 수익을 동시에 만족시켜야 한다.

특히 큰 시세를 분출한 10루타 종목들의 핵심적인 특징을 살펴 종목을 발굴하는 눈을 갖도록 몇 가지 관점도 제시한다. 이런 투자스타일은 투자자의 자산을 실제 임팩트 있게 팽창시킨다. 그것도 그리 길지 않은 시간에 말이다. 위 그림은 실전투자를 통해 팽창된 실제계좌다. 천천히 감상해 보기 바란다.

6장

매일 시장환경을 살피는
일의 중요성

투자에서 한 발 앞서가기 위해서는 결단력 있게 선제적으로 행동하는 빠르고 강한 실행력이 동반되어야 한다. 그리고 빠르게 실행하기 위해서는 시장을 끌고가는 각 지표와 각 기관들, 그리고 큰 자금들의 액션을 유기적으로 판단하고 예측할 수 있어야 한다. 이처럼 빠르고 과감한 실행은 강력한 수익으로 연결된다.

또한 과거 사례를 통해 미래를 예측하는 추론 능력도 필수라 하겠다. 영국의 코난 도일이 쓴 유명한 탐정소설 《셜록 홈즈》를 아는가? 주인공 셜록 홈즈는 증거들을 통해 사건의 결말을 찾아간다. 투자자는 모두 셜록 홈즈를 닮아가야 한다. 돋보기를 들고 경제에 나타나는 수많은 단서들을 좇아 미래에 나타날 중요한 결말을 추론할 수 있어야 한다.

매일 글로벌 금융시장에서 일어나는 일들은 광범위하고 막연해 보이기까지 한다. 그럼에도 불구하고 핵심적인 부분을 체크하고 압축하여 흐름이 향하는 방향과 그에 따른 투자 동기를 찾아 수익으로 연결해나가는 것은 마치 운동선수가 매일 근력을 만들어 어느 순간 폭발적인 기록을 만들어 내는 것처럼 중요하다. 물론 처음에는 힘들고 어렵지만, 매일 트레이닝을 하다 보면 점차 강한 근육으로 발전시킬 수 있을 것이다.

금융시장은 대체로 주식, 채권, 부동산 그리고 그와 관련된 파생상품들로 나눌 수 있다. 모든 금융시장은 서로 밀접하게 연결되어 있다. 투자자는 매일 자신이 현재 투자할 시장을 면밀하게 파악하여 큰 틀에서 어떤 상황인지를 판단할 수 있어야 한다. 보통 경기가 상승하는 기간인지, 아니면 하향하고 있는지, 아니면 밋밋한 시기인지의 개략적 판단을 내릴 수 있어야 한다.

나는 오랜 기간 투자활동을 해왔기 때문에 시장환경을 분석하는 데 있어서는 익숙한 습관을 가지고 있다. 매일 새벽 2시에 일어나서 투자에 필요한 핵심체크 사항을 꼼꼼히 점검한다. 이는 투자활동에서 실수하지 않기 위한 기본 준비 과정이기 때문에 결코 빠뜨리지 않는다.

새벽 2시부터 일어나서 무엇을 하는가? 매일 점검하는 체크리스트는 다음과 같다.

먼저 현재 시장의 핵심화두를 살핀다. 경제와 성장률 등 거시적 데이터가 화두일 때도 있지만 무역전쟁처럼 데이터가 아닌 경제적, 정치적 사건일 때도 있다. 특히 한국은 북한과 연결된 비체계적 위험이 큰 시장이다 보니 이를 반드시 살피고 파장의 강도를 추정해보는 시간이 필요하다.

그리고 매일 세계 금융시장이 이런 핵심 이슈 속에서 어떻게 반응하며 흘러가고 있는지 각 시장의 흐름과 연관지어서 차트 등을 통해 살피고, 나름의 시각을 통해 판단을 내릴 수 있도록 훈련한다.

여기가 끝이 아니다. 자신이 내린 분석과 결론이 맞았는지도 반드시 피드백해 보아야 한다. 그래서 틀렸을 경우 무엇이 잘못되었는지 원인도 찾아볼 필요가 있다.

각국의 증시 지수차트와 환율차트, 원자재시장의 흐름, 채권시장의 움직임 그리고 미국, 유럽, 아시아 중요 핵심종목들의 차트와 이슈, 글로벌 중요업종의 대표주에 대한 추세 등도 계속 살펴 분석하는 노력이 국내외 유사업종, 기업 투자에 매우 중요하다.

금리, 환율, 글로벌 국가별, 업종별 흐름은 국내기업의 주가에도 즉각 영향을 미친다. 한국처럼 자본시장이 개방되고 실시간으로 다이내믹한 선물 등 파생시장과 하나로 연결된 시장은 그야말로 이런 글로벌 시장환경 분석이 매우 중요하다.

이와 같은 이슈들을 훑어본 후 매일 200~250페이지 분량의 PPT자료를 만든다. 이를 '스마트리포트'라고 이름 붙여 매일 투자자들에게 강의 지침으로 활용한다. 물론 강의에 필요하기에 자료를 꼼꼼히 만들지만, 사실은 나 스스로 체크리스트를 통해 시장을 점검하고 공부하는 일상의 기록이라고 보는 게 맞을 것이다.

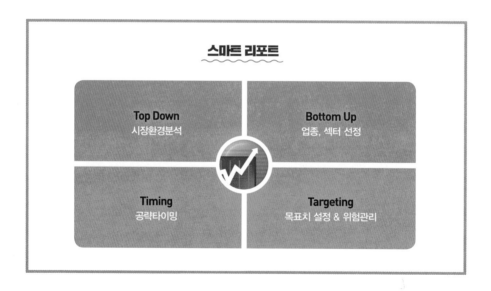

📊 금리, 이자율이 주는 메시지 파악 필요

금리에는 두 가지가 있다. 정책금리와 시장금리다. 시장금리는 시장수익률 혹은 YIELD라고 일컫는다. 정책금리는 한국은행에서 국내기준금리로 규정하는 콜금리나 미국 FRB연방준비제도 이사회에서 결정하는 FF금리(연방기금 금리)가 대표적이다. 이 중 정책금리는 시장에서 형성되는 장단기 금리의 기준 역할을 하기 때문에 시장에 큰 영향을 미칠 뿐 아니라 물가와 성장을 제어하기 위해 중앙은행이 내리는 핵심적인 정책활동이라 할 수 있다.

이자율과 관련해 경제학에서 다루는 심도 깊은 내용을 이곳에서 이야기한다면, 아마도 여러분 중 상당수는 머리를 쥐어뜯으며 곧바로 책을 덮어버릴 것이다. 따라서 여기서는 금리와 주식시장의 관련사항을 간략하게 포인트만 짚고 넘어가고자 한다.

금리는 각국의 경제활력이나 인플레의 강도를 가늠하는 척도다. 금리, 즉 이자율은 그 나라의 물가와 성장률의 합계치에 매우 근접하여 움직인다. 그러나 반드시 그렇지는 않다. 성장이 하향하는 국가에서는 경기를 부양하기 위해 이자율을 매우 낮게 책정하기도 한다.

한국의 경우 이자율과 직접 관련된 시장이 크게 형성되어 있다. 예를 들어 국가에서 발행하는 국채의 금리와 수익률이다.

과거 기업의 부채비율이 높고 금융시장의 효율성이 낮고 금융실명제가 시행되지 못했던 1980년대까지 우리나라의 이자율은 매우 높았다. 그러나 IMF를 거치면서 기업의 막대한 부채비율과 그로 인한 이자비용의 문제를 고려하여 정부는 기업의 이자부담 완화를 위해 강력한 이자율 하향정책을 폈고 그 결과 한국의 금융비용 부담은 크게 개선되었다.

과거 기업이 발행한 회사채의 유통수익률은 무려 15~20%를 넘나들었다. 그 시기와 비교해 2000년대 들어 기업의 조달비용은 매우 낮아졌다. 각 기업의 신용도와 재무상황에 맞는 이자율이 시장에서 결정되어 효율적인 시장으로 자리 잡았다.

기업의 회사채 이자율이 높았을 때는 우리 국민들의 저축률이 꽤 높았다. 저축 금액이 크다면 이자만으로도 충분히 먹고 살 수 있을 만큼 연금의 수단까지 되었다. 하지만 기업을 살리고 시장을 효율화하는 과정에서 이자율이 하락하여 국민들의 이자수입은 크게 줄었다. 반면 기업은 부채의 이자비용 감소로 재무구조가 크게 개선되었다.

결과적으로 이자율은 가계에서 기업에게 유리한 방향으로 바뀌었다. 한국의 기업이익에 결정적인 변화를 가져온 것이다. 그런 점에서 투자자들은 기업의 이자비용 부담을 체크하고 부채비율, 특히 단기간에 만기가 도래하는 부채가 많지 않은지 관심을 기울여야 한다.

그러나 개인이 이 모두를 파악하기가 번거롭기 때문에 배당을 지속적으로 하는 기업인지 살피는 게 오히려 나을 수도 있다. 배당성향의 수준과 지속성에 주목하면 된다. 물론 배당투자에 역점을 두라는 의미는 아니다. 배당은 기업의 재무상황을 나타내는 중요한 결과물로 볼 수 있다는 뜻이다.

그동안 한국은 저금리로 인해 기업보다 가계의 부채를 늘리는 쪽으로 분위기가 바뀌어 왔다. 과거 높은 저축률의 기반이었던 한국의 이자율은 이제 오히려 은행돈을 빌려 부동산, 주식 등 레버리지투자를 감행하는 열풍을 몰고왔다. 경기를 살리고자 하는 저금리 통화금융정책은 가계부채의 위험을 확산시켰고, 이에 따라 국내외 경제전망 리포트에 가장 큰 한국경제의 위험요소로 가계부채가 항상 거론되는 것을 볼 수 있다.

저금리는 오래 지속될 가능성이 높다. 한국은 이미 저출산국가로 성장동력이 약화되었다. 이 문제를 일거에 해결할 돌파구는 '북한과의 통일' 정도다. 통일에 따른 인프라투자 확대 등에는 막대한 자금이 소요되며 성장동력으로 작용한다. 그러나 이는 향후 전개될 과정을 점검하며 예상할 수 있을 뿐, 예단할 수는 없는 미래다.

북한의 인프라투자에 한국의 기업자본이 자발적으로 투자하는 경우와 북한이 직접 국제개발기금 등에서 자금을 장기저리로 조달해서 투자하는 경우로 나뉠 수 있다. 후자의 경우가 바람직하다고 생각되며, 기업은 투자기회에 맞춰 투자하면 될 것이기 때문에 국내 기업이나 정부의 자금수요가 이자율의 급격한 상승을 초래할 것으로 보이지는 않는다.

비록 급격한 상승은 아니겠지만, 북한은 한국의 성장모멘텀이 분명하다. 즉, 투자기회로 볼 수 있고 이는 성장률 상승에 일정부분 기여할 수도 있기 때문에 이자율은 상승 쪽으로 영향을 줄 것으로 전망할 수 있다. 따라서 이자율에 예민한 부동산 등의 투자에는 참고할 필요가 있다.

이자율은 추세를 보여주는 이자율 차트를 참고하는데, 대표적으로 국내에서는 '3년만기 국채수익률'과 '10년만기 국채수익률'이다. 10년은 대표적인 장기수익률 추세고, 3년은 중단기 구간을 대표한다.

한국뿐 아니라 미국의 채권수익률도 매일 참고할 필요가 있다. 미국은 전세계 금융시장을 선도하는 막강한 영향력을 가지고 있다. 한국과도 상관성이 매우 높다. 미국 국채수익률을 대표하는 장단기 채권은 2년만기 T-BILL과 10년만기 T-NOTE, 그리고 30년만기 T-BOND로 정리할 수 있다. 투자자는 이 중 10년만기 미국 국채수익률인 T-NOTE 수익률 추이를 매일 체크할 필요가 있다.

미국의 10년만기 국채수익률은 전세계 달러자금 조달자들에게 매우 중요한

Treasury Yields

NAME	COUPON	PRICE	YIELD
GB3:GOV 3 Month	0.00	2.33	2.37%
GB6:GOV 6 Month	0.00	2.40	2.47%
GB12:GOV 12 Month	0.00	2.50	2.58%
GT2:GOV 2 Year	2.50	99.97	2.52%
GT5:GOV 5 Year	2.63	100.33	2.55%
GT10:GOV 10 Year	3.13	103.50	2.72%
GT30:GOV 30 Year	3.38	106.91	3.02%

블룸버그 참조, 2018년 12월 29일 현재

기준을 제시함과 동시에 경기의 방향이나 시장의 큰 자금들이 장기수요와 공급, 미연준(미국연방준비제도, FRB)의 통화금융정책에 따른 시장 유동성, 즉 자금의 충분, 부족 상황을 파악할 수 있는 중요한 기준이 된다.

미국의 만기별 국채 수익률을 보면 위의 표처럼 높고 낮은 차이, 즉 약간의 스프레드가 존재함을 알 수 있다.

장기와 단기의 이자율 차이를 스프레드로 표시하고 이 격차가 높을수록 수익률 곡선(yield curve)이 가파라진다고 표현한다. 반대로 그 차이가 작을수록 수익률 곡선이 평탄해지고 있다고 표현한다.

차트 6-1 한국의 수익률 곡선(Yield curve) — 각 시점의 기울기가 중요

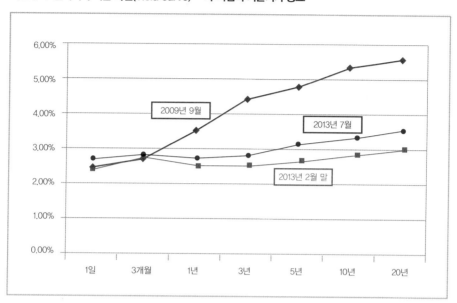

수익률 곡선이 가파라지는 현상은 만기가 긴 자금의 수요가 늘어나고 있다는 뜻으로 경기가 호조를 띠고 성장율이 강해지는 시점에 기업이나 가계의 투자수요가 증가함을 의미한다.

반면 수익률 곡선이 평탄해지는 현상은 단기보다 장기간의 자금수요가 감소하고 경기전망이 둔화될 경우 나타나며, 수익률이 높을 때 장기채권의 확정적인 수익을 확보해 두려는 장기채권의 수요증가를 초래하여 평탄화를 재촉하곤 한다.

수익률 곡선에 나타나는 장단기 금리의 등락에 따라 경기를 판단하고자 한다면 다음 표를 참고하기 바란다.

더불어 수익률 곡선의 등락에 따라 어떻게 투자할 것인지, 다음과 같은 개략적인 방향을 제시할 수 있다.

표 장단기 금리의 등락에 따른 경기 판단

단기금리 상승, 장기금리 상승	경기 활황 국면
단기금리 상승, 장기금리 하락	통화긴축, 경기 하강 초기
단기금리 하락, 장기금리 하락	경기 하강, 금리인하로 부양
단기금리 하락, 장기금리 상승	부양 지속, 경기 회복 초기

표 수익률 곡선의 등락에 다른 투자 방향

단기금리 상승, 장기금리 상승	단기예금, 주식투자
단기금리 상승, 장기금리 하락	장기채권에 투자
단기금리 하락, 장기금리 하락	주식투자, 장기채권
단기금리 하락, 장기금리 상승	주식투자, 단기예금

다음 페이지 차트는 미국의 정책금리인 연방기금금리(FF금리)와 대표적인 국채수익률인 10년만기 T-NOTE의 수익률을 나타내는 차트다. 이자율은 보통 경기에 후행하는 흐름을 보이는 경향이 있다.

보통 중앙은행은 경기흐름과 성장률, 물가 등 경제지표를 살펴가며 후행적으로 정책대응을 하는 경향이 높기 때문에 금리는 경기에 후행하는 경우가 많다. 반면 주식시장은 대표적인 경기선행지표의 하나로 미래의 기업가치를 예측하여 이루어지는 가격곡선이 주가차트인 것이다.

차트 6-2 미국 연방기금 금리와 10년만기 T-NOTE수익률

🔲 주식, 채권 등 자산 간 대체수익률

이자율이 높고 기업이익이 감소하는 시점에는 투자자들의 자금이 상대적으로 안전한 채권으로 옮겨가는 경향이 있는 반면, 이자율이 낮고 기업의 이익이 개선되는 경기상승 국면에서는 채권 같은 이자율상품보다는 주식처럼 경기의 상승을 이익으로 흡수할 수 있는 상품으로 이동하는 경향이 나타난다. 마치 삼투압처럼 자금은 매우 예민하게 수익성이 높은 곳으로 이동하는 속성을 보여준다.

주식과 채권을 선택함에 있어서 그 유불리를 체크해 볼 수 있는 개념이 자산 간의 대체수익률이다.

주식의 가치를 나타내는 대표적 지표로 기업별, 혹은 증시 전체, 업종별 PER(주

가수익비율)이 있다. PER은 한 해 순이익 대비 시가총액이 얼마로 시장에서 평가받느냐는 배수, 혹은 주당순이익과 주가와의 배수를 의미하는 지표다. 한국의 코스피 PER은 대체로 글로벌 각국 증시에 비해 저평가가 심한 편이며 8.5~11배 수준을 오가며 형성되어 왔다.

PER의 역수와 채권과 비교하여 유불리를 따지는 개념이 대체수익률인데, 각 기업의 회사채 이자율과 그 기업의 PER을 비교해 볼 수도 있다. 그러나 여기서 간과되는 위험은 주가의 변동성과 채권의 상대적인 안정성이다. 채권은 만기가 있고 주식은 만기가 없으며 가치의 변동이 큰 주가를 단지 PER로 모든 것을 함축해서 표현하는 데는 한계가 있기 때문이다.

성장모멘텀이 둔화되거나 사라져 구조적 저성장기에 접어들면 일본처럼 잃어버린 10년 같은 기간이 올 수도 있다. 제로금리정책을 쓰거나 마이너스 금리까지

차트 6-3 코스피지수 주봉과 3년만기국채 수익률

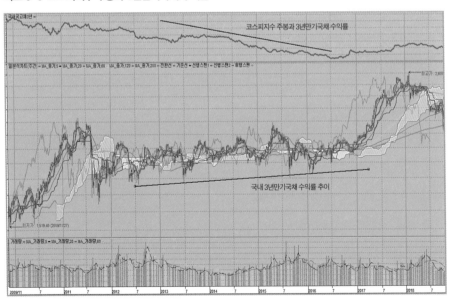

나오기도 하기 때문에 이제 채권과 주식 간의 대체수익률이나 자금의 밀접한 연관성을 가진 이동흐름은 예전보다 많이 약해졌다고 보여진다.

채권은 금융시장의 성장동력이 강한지, 물가의 불안감이 지속적으로 확대될 수 있는지에 영향을 더 받고 기업이익, 주가의 등락에는 과거보다 훨씬 덜 민감해졌다는 점을 갈수록 확인하게 된다.

앞의 차트를 통해 채권수익률이 지속적으로 하락했음을 확인할 수 있다. 증시 흐름이 박스권을 형성해 왔으나 이 과정에서 성장동력은 약화되고 있음을 반영한 것이다. 이런 현상은 자금수요를 동반하는 큰 모멘텀이 등장하기 전까지는 불가피해 보인다.

📊 환율이 주식시장에 주는 암시

한국은 대표적인 수출국가이다. 그러다 보니 환율은 매우 중요한 지표로 인식된다. 환율은 한국의 수출상품 가격경쟁력과 관련성이 높기 때문에 가능하면 환율이 높을수록 좋다는 생각을 할 수 있으나 꼭 그렇지만은 않다. 수출에 필요한 원자재 등의 수입도 많은 상황임을 고려하면 음식료, 에너지 등의 업종은 환율 상승이 결코 반갑지 않다.

환율은 한 국가만 놓고 보면 그 나라로의 유입이 많은지 혹은 유출이 많은지를 보여주는 국가 간 화폐의 수요공급 균형점이다. 세계 기축통화인 달러와 비교하여 원화가치의 등락을 나타내는 차트를 보자. 달러외환보유고가 세계 10위권 안에 들고 안정적인 외환시장이 유지되면서 과거에 비해 환율의 요동이 많이 줄어들기는 했지만, 여전히 미국은 한국을 중국, 일본, 독일 등 수출비중이 높은 국가

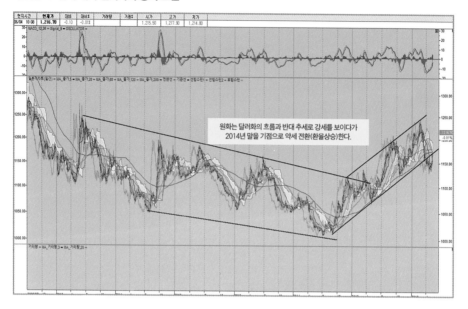

원화는 달러화의 흐름과 반대 추세로 강세를 보이다가
2014년 말을 기점으로 약세 전환(환율상승)한다.

들과 함께 환율 조작국 여부를 체크하는 요주의 대상으로 분류해서 매년 조사보
고서를 내고 있다.

달러화와 주요국 6개국의 환율을 표시한 달러인덱스를 통해 달러가치가 어떤
추이를 보이고 있는지 살펴보는 것도 중요한 체크포인트다. 금리가 상승할수록
그 국가의 환율은 강세를 보일 가능성이 높다. 다음 페이지의 차트를 보면 미국
금리가 제로에서 상승세로 전환되면서 달러인덱스가 강세를 보이기 시작했음
을 확인할 수 있다. 달러 강세는 미국으로의 자금이동이 강하다는 사실을 암시
한다.

신흥국과 미국 사이에는 서로 간에 자금이 어느 방향으로 흘러가느냐의 삼투
압과 사이클이 존재한다. 각국 경기와 펀더멘탈이 어느 쪽이 상대적으로 좋고, 매
력적인가에 따라 자금은 일정 기간 달러자산으로 몰려가거나, 신흥국과 원자재

차트 6-5 미국 연방기금 금리와 달러인덱스 추이

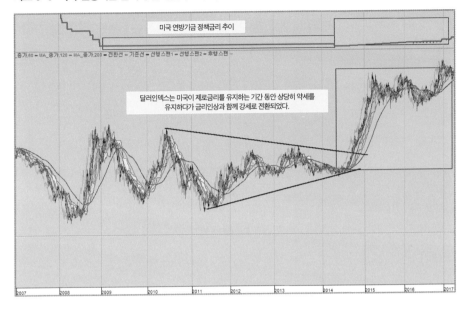

시장으로 몰려가기도 한다.

　달러의 약세는 기본적으로 위험자산인 주식과 원자재시장에 긍정적 환경을 제공한다고 알려져 있다.

📊 주가와 인플레, 그리고 가격전가력

기업가치의 성장은 매출과 이익의 성장이 가능한가로 귀결된다. 그리고 기업을 둘러싼 환경에서 비용에 마진을 얼마나 붙여서 가격으로 전가할 수 있느냐, 즉 양적 판매증가와 함께 가격전가력으로 입증된다. 가격인상을 판매량의 증가와 함께 이루어낼 수 있다면 이는 성장에 탄력을 보일 수 있는 요건이자 주가상승의 기폭제가 될 것이다.

이자율, 원자재가격 그리고 환율 등 시장환경을 점검하는 것은 기업이 이를 전가할 만한 상황인가를 체크하는 데 있다. 경기가 회복되고 점차 경기가 상승하면서 금융시장의 이자율이 상승하고 원자재가격도 상승하면서 기업은 비용을 가격인상으로 대응하지만 점차 수요감소로 전가력이 떨어지게 된다.

대표적인 비용요소인 이자율은 정책금리와 시장수익률이라는 두 가지 형태로 시장에 나타나는데 이자율이 상승하는 초기에는 이것이 자금수요 증가로 해석되어 경기회복 징후로 주가상승을 이끄는 호재로 작용한다. 하지만 이자율 상승이 이어지고 경기상승이 과열조짐을 보이면서 기업의 이익을 창출하는 환경에 점차 장애가 발생한다. 특히 경기사이클에 민감한 경기민감업종들(Cyclicals)의 경우 매우 예민하게 둔화가능성을 주가로 반영한다.

다음 페이지 차트는 미국 연방기금 금리인상과 코스피의 일봉차트를 함께 살펴본 차트다. 경기사이클과 유사하게 증시의 상승사이클은 대체로 2년 내외의 평균 상승기간과 12~15개월 정도의 하락사이클 기간으로 하나의 등락사이클을 완성한다고 분석되어 왔다.

시장환경을 살펴보는 것은 현재 투자환경이 과연 사이클의 어느 위치에 있는지. 기업의 이익창출 환경이 향후 어떠할 것인지를 파악하고 거기에 맞는 대응을 하기 위한 필수적인 과정이다.

TOP-DOWN은 하늘 위를 날며 먹이감을 사냥하는 독수리가 공격을 감행하기 전에 전체를 둘러보는 시장조망이다. 이 작업이 철저하게 이루어져야만 그 환경에서 공략하기 적합한 업종과 종목을 제대로 선정할 수 있으며, 이에 따라 투자의 성공확률도 올라간다. 이처럼 투자는 성공확률을 높이는 철저한 시장환경

차트 6-6 코스피지수 일봉차트와 미국 연방기금금리 추이

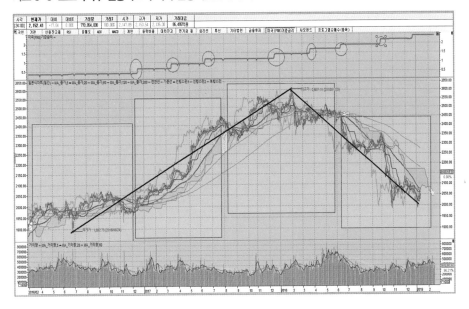

분석이라는 토대에서 출발해야 한다.

비용요소인 이자율이나 원자재가격 등이 상승하는 상황에서 기업의 매출둔화와 마진약화의 조짐이 보인다면 주가의 미래는 어떻게 되는가? 이미 주가 고점은 확인된 것이나 마찬가지고, 증시의 전반적인 흐름이 빠르게 약화된다.

따라서 미국의 연방기금금리 인상, 인하 정책은 시장에 주는 영향이 클 수밖에 없다. 이런 정책을 살피는 FED watching이 투자에서 하나의 중요한 분석으로 자리잡고 있는 이유가 여기에 있다. 특히 채권과 부동산이 이자율에 민감하다는 점에서 주식뿐만 아니라 모든 자산에 미치는 이자율 정책에 대한 전망과 대응은 시장환경의 큰 포인트가 될 수밖에 없다. 부동산은 과거 흐름을 참고하면 주식보다 다소 후행적 흐름을 보여온 것으로 파악되고 있다.

차트 6-7 연도별 주가와 부동산 가격 등락 추이

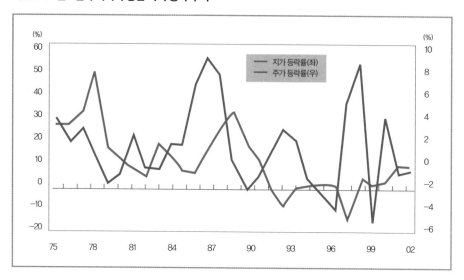

투자자들은 아침마다 미국을 비롯한 주요국의 금융시장 흐름과 특히 미국의 연준 관련 소식이나 주요인사들의 연설, 회견 등에서 나온 말들의 뉘앙스와 향후 정책결정에 대한 암시를 잘 체크하고 대응하는 데 집중해야 한다.

7장

주식 시장의
4계절

⫸ 투자는 씨앗을 뿌리는 자세가 필요하다

시장환경은 상승과 하락이 하나의 큰 사이클을 이룬다. 물론 그렇지 않은 기간, 즉 비추세 구간도 존재하지만 대세는 항상 사이클을 타고 움직인다. 이를 춘하추

차트 7-1 코스피지수 일봉차트와 미국 연방기금금리 추이

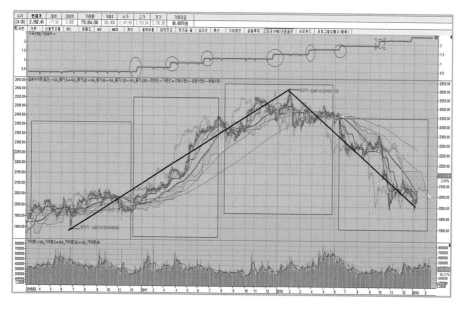

동 4계절로 나누어 살펴볼 수 있다.

경기사이클은 보통 4단계로 나뉜다. 주식시장의 사이클도 이처럼 나누면 1~4 국면으로 나눌 수 있고, 여기서는 편의상 춘하추동이라고 부르고자 한다. 앞서 소개한 차트를 다시 한 번 보자. 미국 정책금리 흐름과 코스피 일봉차트 흐름을 4단계로 대략 나누어 본 것이다.

봄 – 주식의 1국면

봄(춘)은 그야말로 모든 것이 황폐화된 겨울 이후 아무것도 기대할 것 없는 엄동설한에서 꽃이 피어나듯 태동한다. 이 시기에 농부는 좋은 종자를 추려 씨앗을 뿌릴 준비를 한다.

기업들도 어려운 시기를 이겨내면서 구조조정과 재고관리, 신상품 준비 등으로 새로운 도전을 준비한다. 내실을 다지면서 겨울을 지내기 때문에 비록 매출은 부진하지만 비용절감 등으로 예상 밖의 순이익이 발생한다. 이는 기업이 경기의 불황사이클을 오랜 기간 경험하면서 기업의 생존능력과 계속기업으로써의 내공을 확인시키는 과정이다. 즉 경기는 아직도 차가운 바람이 불지만, 불황의 막바지 국면에서 기업은 점차 흑자로 살아남아 새로운 경기회복의 서막을 알리는 작은 불씨를 만들어내는 것이다. 이 시점을 봄, 즉 파종을 앞둔 시기, 경기의 바닥, 주식의 1국면이라고 볼 수 있다.

여름 – 주식의 2국면

경기 2국면, 즉 여름(하)은 점차 경기가 살아나고 매출과 이익이 증가하는 시기다.

증시도 점차 대세의 상승이 강해지는 시기로 파종을 잘해놓은 좋은 씨앗에서 싹이 나고 무성해지는 국면이라고 볼 수 있다. 성장기는 추세적인 힘이 강해서 증시의 사이클을 타는 추세매매가 좀 더 끈질기게 큰 수익을 흡수하고자 하는 여유가 필요하다. 너무 쉽게 열매를 따려고 하면 설익은 매매로 작은 수익에 그치고 나중에 무성해진 결실을 취하는 농부들을 부러워 할 수밖에 없게 된다. 증시 2국면에서는 누가 좋은 씨앗을 골랐는지 쉽게 확인할 수 있다. 그래서 시장환경에 맞는 투자를 위한 사전작업이 중요하다는 점을 재차 강조한다.

가을 - 주식의 3국면

경기 3국면, 가을㈜은 결실을 추수하는 계절이다. 이 시기 기업은 매출이 왕성해지고 매출이 증가한다. 밀어닥치는 수요에 대응하기 위해 공장 증설에 나서는데 경쟁업체들도 비슷한 행보를 보인다. 그러다 보면 어느덧 과잉생산이 발생하고, 결국 공급증가에 따른 가격하락과 경기둔화로 인한 구매력 감소로 매출, 이익의 고점을 확인하게 되는 시기다.

대체로 이 시기에는 기업이 실적 최고치를 발표하고, 경기민감업종들은 과감한 증설과 인수합병으로 몸집을 키우는데 머지않아 경기하락으로 이런 판단이 다소 무리수였음을 느끼곤 한다.

투자자는 최적기에 추수를 하는 농부의 눈을 가져야 한다. 이 시기에는 아직 고점이 확인되지 않았기 때문에 다양한 분석과 예측이 쏟아진다. 투자자들은 혼란을 느낄 수밖에 없다. 하지만 경기사이클이 고점을 찍고 나면 빠르게 후퇴하게 되므로 머지않아 경기의 고점과 주식의 고점이 확인된다.

겨울 – 주식의 4국면

경기 4국면, 겨울(冬)에는 이익감소, 경제지표 둔화에 대한 우려의 목소리가 커지며, 주가 하락도 가파른 속도로 진행된다. 특히 주식시장은 경계감이 극심해 오를 때는 느리고 서서히 진행되지만, 하락할 때는 손절과 투매물량이 한꺼번에 몰리면서 가파른 속도로 진행된다. 그래서 상승사이클보다 하락사이클 기간이 조금 더 짧게 나타난다. 이 시기에 농부는 이미 충분히 결실을 거두었기 때문에 방어적으로 지키는 투자를 통해 새로운 사이클이 다가오길 기다리는 자세가 필요하다.

이를 좌표로 분석할 수도 있다. 증시사이클에 맞는 업종선택 예시를 보여준 증권사 자료가 있어 여기에 예시로 싣고자 한다.

좌표 증시 사이클에 따른 업종 선택

출처_한국투자증권 분석자료

1사분면은 경기호조를 나타내는 여름, 즉 경기 2국면에 해당한다. 경기에 가장 민감하게 반응하며 매출과 이익이 증가하는 경기민감업종을 선택하면 최선의 투자결과를 얻을 수 있다. 화학, 철강, 조선, 건설, 기계와 IT(정보통신)도 이에 해당한다.

2사분면은 가을, 즉 경기 3국면에 해당한다. 이 시기 경기사이클은 약화되고 고점 조짐이 강해지면서 이에 선제적인 대응을 하는 투자자들은 수익을 챙기고 점차 방어적인 섹터로 이동한다. 통신, 유틸리티 혹은 배당주 등으로 매매를 전환하는 시기다.

3사분면은 겨울에 해당하는 경기 4국면으로 실적에 의존하는 기업과 경기민감형 기업들의 흐름이 매우 좋지 않고, 경기와 관련한 뉴스도 좋은 소식은 찾아보기가 쉽지 않다. 저평가되었다는 이야기는 가끔 흘러나오지만, 투자자들은 떨어지는 칼날을 잡지 않으려 하고 실적개선이 나타날 때까지 잔뜩 움츠린다. 반면 정부나 중앙은행은 둔화된 경기를 다시 살리기 위해 그동안 올렸던 금리를 인하하고 돈을 풀어 성장정책을 가동하면서 점차 정책수혜 업종이 기지개를 켠다. 불황기에도 소비를 쉽게 줄일 수 없는 화장품, 제약 등의 업종이 상대적인 강세를 나타낸다.

4사분면은 봄에 해당하고 경기 1국면이다. 이 시기에는 충분한 조정으로 투자자들의 매물이 상당히 소화되어 거래바닥조짐이 뚜렷하고 대주주와 장기투자자들을 제외하면 주식을 보유한 투자자가 많지 않으며 대부분 단기매매나 위험회피 매매에 치중한다. 그러나 가을에 풍성한 수확을 거둔 농부라면 머지않아 바닥이 반전으로 이어질 것을 알고 씨앗을 뿌리는 자세로 경기민감주와 좋은 주식들을 분할매수해 나가는 시기다. 기업들도 불황의 시기를 통과하며 경쟁기업이 낙오하거나 인수합병되어 경쟁구도가 완화됨에 따라 생존기업의 시장점유율 상승효과를 누리게 된다.

투자의 세계에서 춘하추동은 매우 중요하다. 투자자는 지금이 어느 시점에 있는지 예민하게 캐치할 수 있어야 하고, 이에 따라 어떤 업종에 투자할 것인지에 대한 힌트도 얻을 수 있다.

매수와 매도는 반드시 변곡의 구간에서 실행되어야 한다.

이 책에서는 '반전'이라고 표현하는 다이버전스 구간에 대한 선별과

활용을 통해 좋은 매매타이밍을 잡는 법을 설명하는 데 집중하고자 한다.

THE INVESTING

2부

반전율을 이용한
실전투자편

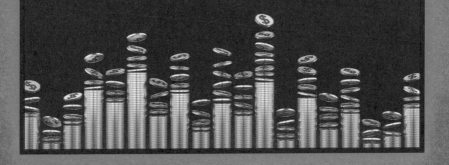

8장

파동이론과 반전율, 횡적 종적 분석을 결합하라

주식시장의 지수나 종목의 주가흐름을 이해하기 위해 엘리어트 파동이론이 널리 사용되고 있다. 엘리어트 파동이론에서는 상승 5파, 하락 3파로 파동이 완성된다고 규정한다.

　그러나 나는 오랫동안 투자의 세계에 몸담으면서 상승 5파와 함께 하락도 상

차트 8-1 코스피지수 일봉과 엘리어트 파동

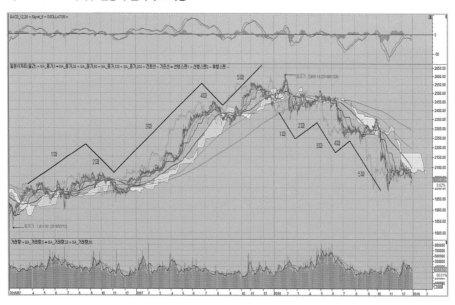

당수의 경우 5파까지 진행되고, 쌍바닥까지 진행되면서 파동이 연장되는 조정파동을 확인할 수 있었다. 즉 하락파동을 3파로 규정하기보다 추가적인 조정파가 있을 가능성을 염두에 두고 확인하는 여유가 필요하며, 매수를 하더라도 분할매수로 반전의 흐름을 확인하는 지혜가 필수라 하겠다.

앞의 차트처럼 큰 파동으로 주식의 상승과 하락사이클을 분해하는데, 각 파동도 작은 파동으로 구성되는 경우가 많다. 소파동이 하나의 큰 파동을 만드는 것이다. 아래 차트의 박스 안에 들어 있는 파동이 이를 보여준다.

기술적 분석은 이처럼 파동이론과 이동평균선을 통해 반복적으로 나타나는 차트의 원리를 적용하여 미래의 주가흐름을 예측하기 위해 만들어진 분석법이다. 이는 추세가 형성된다는 것과 추세가 상승추세, 하락추세 그리고 추세를 모색하는 박스권 같은 비추세로 구성된다는 구분법을 근간으로 한다.

차트 8-2 코스피지수 일봉, 큰 파동 안에 또 다른 소파동이 존재한다

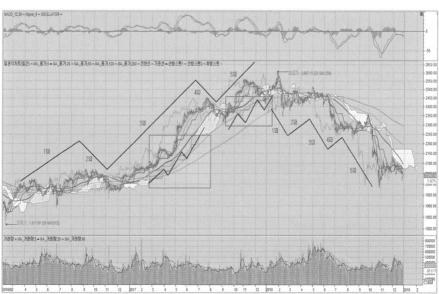

개인투자자들은 지금 서술하고 있는 파동과 이동평균선, 추세이론에 대해서는 매우 경험도 많고 이해도가 높다고 생각된다. 그만큼 국내증시의 투자자들이 익숙해져 있다는 뜻이다.

이 책에서는 이동평균선이나 추세이론에 관한 통상적인 내용들은 과감히 생략하고, 이보다 쉽게 큰 흐름을 이해할 수 있는 대표적인 방법들을 소개하고자 한다. 이는 나의 비법이기도 하다. 이 비법을 통해 더 큰 수익을 확보하고, 더 쉽게 매수, 매도 타이밍을 포착할 수 있을 것이다.

기술적 분석을 지나치게 신봉하다 보면 상승 구간에서는 상승에만 몰입되어 지속적인 상승만이 머릿속에 맴돈다. 그 결과 고점에 걸려드는 경우가 잦아진다. 반대로 하락하면 더욱더 하락할 것으로 판단하는 하락추세 지속에 몰입되어 바닥에서 매도하거나 바닥에서 매수를 주저하게 되는 경우가 많아진다.

"떨어지는 칼날을 잡지 마라"는 격언이 함축하는 바는 추세가 갖춰진 흐름, 즉 좋아진 차트에서 진입하라는 것이다. 그러나 이런 시기가 되면 차트상으로도 주가는 바닥에서 상당 수준 올라 있어 단기적으로 매수를 결행하는 데 심적인 부담이 되기도 한다. 이 책에서는 이처럼 떨어지는 칼날도 잡을 수 있는 반전의 변곡 구간을 잡는 경험적 방법을 제시하고자 한다.

🐂 상승파동과 하락파동 판별의 기초

주식투자를 하며 가장 자주 접하는 것이 바로 이동평균선일 것이다. 이동평균선은 5일, 20일, 60일, 120일, 200일 이평선을 주가의 봉차트와 함께 표시하여 현재 주가가 최근 5거래일~200거래일 동안 평균적으로 어떤 궤적을 그려왔는지 보여준다. 5거래일은 1주일이다. 20거래일은 한 달, 60거래일은 1분기, 120거래일은 반기(6개월)를 의미한다. 그리고 1년을 포함하려면 240~250거래일이 맞겠지만 증시에서는 200거래일(10개월)의 주가이동평균선을 자주 쓴다.

한편 분석가에 따라서는 40거래일, 50거래일 등 다양한 이평선을 선택하여 나름대로 의미 있는 매수, 매도 타이밍을 잡으려는 분석툴을 제시하기도 한다.

이동평균선은 서로 교차하면서 상승과 하락의 추세강화를 보여준다. 가장 먼저 5일 이동평균선이 20일 이동평균선을 상향으로 돌파하면 단기 골든크로스라 하고, 하향돌파하면 단기 데드크로스라고 부른다.

이렇게 단기와 중기, 장기 이동평균선들이 순차적으로 상승궤도로 전개되는 상황을 정배열이라 부르고 하락궤도를 그리며 전개되는 상황을 역배열이라 부른다.

단기(5일/20일) 골든크로스부터 시작해 차트가 정배열로 진입하면 상승이 지속될 여건이 성숙했다고 볼 수 있고, 단기 데드크로스로부터 시작해 역배열로 접어들면 하락이 지속될 여건이 형성되었다고 볼 수 있다.

이처럼 이동평균선 간 크로스가 나타나면서 정배열과 역배열이 형성되고 이는 단기, 중기 투자에서 중요한 시그널을 던진다. 하지만 이동평균선만으로는 부족함이 있다. 주가의 봉차트는 거래량이나 기타 여러 보조지표와 함께 사용해야 성공확률이 높아지고, 특히 매수와 매도타이밍을 잡는 데 도움이 된다.

매수와 매도는 반드시 변곡의 구간에서 실행되어야 한다. 이 책에서는 '반전'이라고 표현하는 다이버전스 구간에 대한 선별과 활용을 통해 좋은 매매타이밍을 잡는 법을 설명하는 데 집중하고자 한다.

차트 8-3 이동평균선들의 정배열 진입과 골든크로스

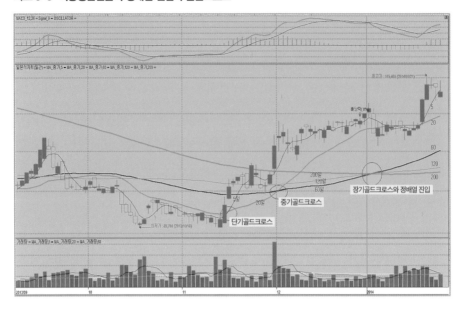

차트 8-4 이동평균선들의 역배열 진입과 데드크로스

🔲 매수보다 매도가 더욱 중요하다

내가 자금운용역으로 발탁되어 펀드매니저로 처음 입문하던 시기, 선배들로부터 자주 듣던 말 중 하나는 매수보다 매도가 어렵고 중요하다는 점이다. 인간의 본능 가운데 하나는 수중에 돈이 있으면 쉽게 충동구매에 나선다는 것이다. 그러나 펑펑 사다 보면 절제가 필요했음을 깨닫게 된다. 그럼에도 불구하고 만약 좋은 주식을 골랐다면 타이밍이 엉켜 잘못 결행했더라도 단기고점에 매수한 주식이 조정으로 잠시 고생하는 듯싶더니 어느새 매수가격을 돌파하여 수익권으로 진입하고 있음을 보게 된다. 매수는 자신의 실수를 용서 받을 기회가 있을 수 있다는 뜻이다.

그러나 매도는 어려운 결정이다. 인간이기에 더욱 어렵다. 한 번 매수한 주식에는 수많은 사연이 존재한다. 매수한 동기가 있고, 머릿속에는 좋은 재료가 입력되어 있기 때문에 올라가면 올라가는 대로 더 많은 수익을 내고자 하는 욕심에 매도를 결행하기 어렵게 된다. 혹은 손실이 난 주식이라면 본전 생각에 더욱 매도가 힘들어진다.

주식은 애인이나 자식이 아니다. 언제라도 이별할 마음의 준비가 되어 있어야 한다. 만나고 떠남에 있어, 특히 이별하는 데 있어 원칙이 분명해야 하고, 매도타이밍을 판별하는 능력을 갖추어야 한다. 매도가 막히면 새로운 주식을 만날 기회를 잡을 수 없다. 투자의 회전율이 현저히 떨어지고, 효과적인 공략도 불가능해진다.

하락은 상승보다 훨씬 빠른 속도로 진행되는 경우가 많다. 이 때문이라도 매도를 제때 하지 못하면 주가의 속성상 투자자의 아쉬움은 더욱 커진다. 따라서 상당 기간 랠리가 진행된 주식을 매도할 때는 과감한 결단이 요구된다.

🐂 극적인 투자 반전을 선사하는 반전율의 핵심 체계

엘리어트 파동은 상승파동이나 하락파동에 접어든 차트에서 매수나 매도 타이밍을 잡기 위해 여러 가지 법칙을 제시한다. 골든크로스나 데드크로스를 이용한 매수와 매도가 대표적이다. 투자자들이 이미 강의나 책을 통해 접했을 내용이다.

엘리어트 파동이 횡적으로 시계열, 즉 시간의 흐름에 따라 전개되는 주가파동을 분석함으로써 파동이론을 설명한다면, 이 책에서 제시하는 새로운 방법, 즉 반전율은 진행된 과거의 파동을 종적으로 분석하여 등락의 중요한 구간에서 결정적인 지지와 저항의 공방이 전개되는 원리를 적용한다. 시세분석과 매매타이밍을 잡는 새롭고 강력한 방법이다.

반전율은 크게 세 가지로 나뉜다.

1/3반전
1/2반전
2/3반전

반전은 상승추세가 진행되다가 조정으로 진입했을 때 상승한 수익의 얼마를 조정으로 되돌렸는가를 비율로 설명한다. 즉 100% 상승한 주식이 상승폭의 33%를 조정받거나 50%를 조정받거나 66%를 조정받으면 각각 1/3, 1/2, 2/3의 반전구간에서 치열한 지지와 공방이 펼쳐진다는 점에 착안하여 매매에 활용한다. 이것이 반전율 활용의 핵심이다.

거꾸로 하락하던 추세에서 얼마나 반등하는가도 동일한 반전의 비율로 분석하고 매매타이밍에 활용할 수 있다.

아래 차트를 보자. 대세상승하던 주식이 하락으로 반전하면서 특정 구간에서 치열한 매매공방이 이루어지고 있다. 이를 반전율을 이용해 1/3, 1/2, 2/3 구간으로 나누면, 장단기 매매전략에 매우 유용한 정보와 매매힌트를 얻을 수 있다.

반전율에서 제시하는 3개의 중요한 반등타이밍은, 보통의 투자자에게는 떨어지는 칼날로 인식된다. 공포에 사로잡히기 때문에 쉽게 매수해 들어갈 수 없다. 오히려 기술적 분석상 매도하고 지켜보는 타이밍이 될 것이다. 그러나 반전율을 MACD(차트상 2개의 실선이 흘러가는 맨 위 지표)나 RSI 등 보조지표와 함께 활용하면 떨어지는 칼날이 아니라 단기 최저점 매수라는 투자자의 최대 로망을 달성할 수 있는 것이다.

그리고 1차 1/3 조정점 이하에서 매수한 투자자는 1차 타이밍에서 40% 이상의 반등, 2차 타이밍에서도 30% 이상의 반등을 그것도 빠른 시간 안에 경험할 수

차트 8–5 1/3, 1/2, 2/3 반전율

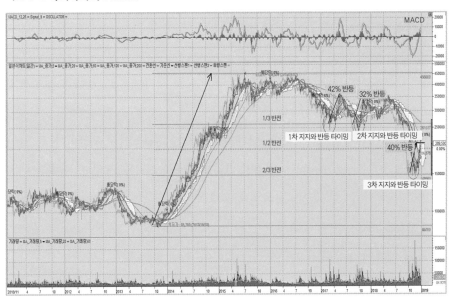

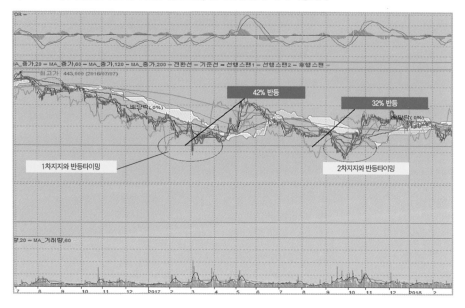

있다. 떨어지는 칼날을 이용해 매우 큰 탄력을 확보할 기회인 것이다. 위 차트는 앞의 차트를 좀더 짧은 기간으로 확대한 것이다. 지지 이후 강하게 반등하는 모습이 확인 가능하다.

또 2/3의 조정점에서 나타난 3차 반전기회를 저가매수로 임했을 경우에도 40% 이상의 반등에 성공함으로써 상당히 큰 수익을 거둘 수 있다.

반전율을 활용하면 떨어지는 칼날은 공포 구간이 아닌 기회 구간이다. 즉 떨어지는 칼날을 피할 것이 아니라 오히려 반전의 중요한 구간에서 손절 원칙을 세워놓고 과감하게 매수한다면 달콤한 수익을 확보할 가능성이 높아진다.

반전율은 파동이론이나 추세선, 그리고 보조지표인 MACD나 RSI 등 보조지표와 함께 매매에 활용하면 이동평균 분석이나 추세 분석에만 치중하는 투자자들에게 놀라운 기회를 선사할 것이다. 반전율을 이용해 수익의 반전을 이룰 수 있

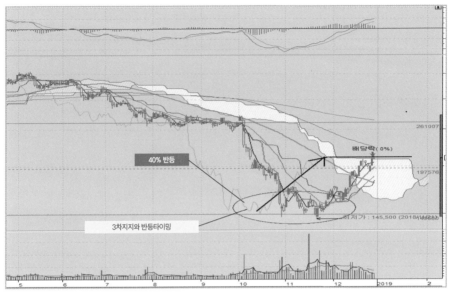

는 것이다.

다만 여기서 반전의 가격구간을 얻으려면 차트를 '로그차트'로 설정해야 한다. 이미 많은 투자자들이 실전에 로그차트를 이용하고 있다. 일반차트가 같은 가격의 봉을 동일한 눈금의 봉으로 그리고 있다면 로그차트는 같은 수익률을 같은 봉으로 보이게 한다. 즉 로그차트의 봉이 같다면 이는 두 봉의 수익률이 동일함을 의미한다. 반면 일반 봉차트는 가격의 폭이 같은 경우 봉차트의 길이가 동일하도록 설정되어 있다.

얼마나 반전이 일어났는가를 보여주는 반전율은 수익률의 개념에 의거해서 분석해야 한다. 따라서 로그차트 설정은 필수다.

🔼 반전율의 실전 활용

코스닥지수 일봉차트와 반전율을 적용한 지지라인 분석을 통해 실전활용의 예를 보자. 이동평균선 분석이나 추세의 지지와 저항선 분석으로는 포착하기 힘든 지지라인을 반전율은 정확히 포착하여 반등이 나타날 구간을 보여준다.

파동이론을 적용하여 상승 5파가 충분히 전개된 후 조정에 진입한 차트가 중요한 1/3 조정구간에서 강력한 저가매수와 반전의 시도로 기술적 반등에 3번 연속 성공하고 있음을 확인할 수 있다. 일반적 추세분석으로는 816.25라는 정확한 반전 포인트를 도저히 설명할 수 없다. 이는 조정 속에도 저가매수 타이밍을 제공하는 기술적인 근거가 된다. 투자자는 이전보다 훨씬 깊이 있는 기술적 분석 도구를 얻는 셈이다.

차트 8-8 코스닥지수 일봉차트와 반전율

📊 장기추세 분석과 반전율의 활용 실전사례

코스닥 시가총액 1위권에 올라 있는 〈셀트리온헬스케어〉 일봉차트를 반전율을 적용해서 살펴보자.

첫 번째와 두 번째 매수타이밍은 정확히 반전율 1/2 구간에서 기회가 포착되었다. 반전율에 근접하는 조정이 나오면 반전율을 일시 하회하는 가격대에서 분할매수로 매수단가를 최대한 낮게 잡는 데 주력하되 너무 물러서기보다는 시점을 분할해서 매수함으로써 손절매가 쏟아지는 변동성에 의해 단기손절을 당하는 경우를 최소화해야 한다. 즉, 한 번에 모두 매수하면 변동성을 견디지 못하고, 손절행렬에 동참할 수밖에 없으나, 분할해서 매수하면 변동성을 흡수하며 흔들리지 않고 매수할 수 있다. 이 두 번의 기회에서는 평균 20% 정도의 반등이 일어났다.

차트 8-9 **셀트리온헬스케어 일봉**

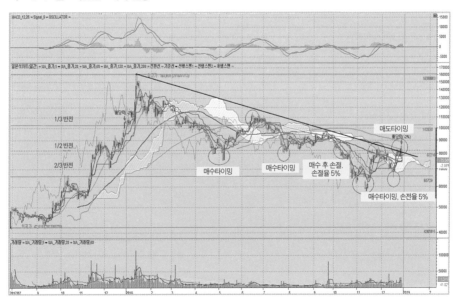

그러나 세 번째 1/2반전 구간에서는 매수가 실패로 끝났다. 1/2 구간을 뚫고 주가가 더욱 밑으로 하락했기 때문이다. 이럴 경우 평균 매수가격의 5% 손절율을 적용해서 매도하고 빠져나와야 한다. 즉, 5% 이상의 손실이 발생하면 매도한 후 다음 기회를 노려야 한다는 의미다.

1/2 구간을 뚫고 하락하던 주가가 2/3반전 구간에서도 두 번의 매수타이밍을 제공하였다. 이 두 번의 반등에서 매도타이밍은 최대 1/2반전 구간이다. 이전에는 지지대였던 1/2 구간이 이번에는 주가가 더 이상 치고 가지 못하게 막는 저항으로 작용하고 있음을 확인할 수 있다. 즉 1/2반전 가격에서 1차 목표가를 완성했다고 보고 매도해야 한다는 뜻이다. 2/3 반전 구간에서 실행한 두 번의 매수는 65,729원 이하 매수와 82,216원 매도로 각각 최대 25%의 수익을 안겨주었다.

🐂 반전율과 MACD, 추세반전을 결합한 매수타이밍 포착

〈대주전자재료〉는 장기간 대세상승 후 급락조정에 들어갔다. 반전율을 이용해 1/3 반전 구간에서 떨어지는 칼날을 잡은 경우로, 여타 기술적 지표로는 잡기 어려운 기술적 반등 타이밍이 포착되었다.

반전율 1/3구간에서 보조지표인 MACD를 보면 상향 다이버전스가 출현하고, 하락추세선의 돌파까지 이루어졌다. 이에 따라 확신을 가지고 기술적 반등에 접근하여 28%의 상승을 경험하였다.

MACD의 상향 다이버전스란 주가의 일봉차트는 더 낮은 주가 수준으로 떨어졌으나 MACD는 더 높은 위치에서 반전이 일어나는 것으로 바닥에서 반전이 일어날 가능성을 높게 시사한다.

차트 8-10 대주전자재료 일봉, 차트 위 MACD 상향다이버전스 출현

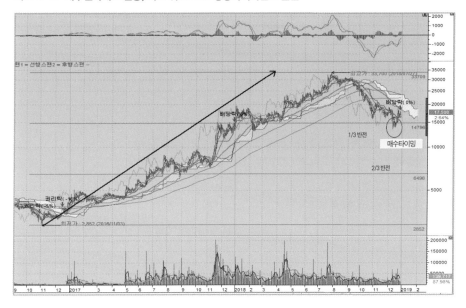

차트 8-11 대주전자재료 일봉 확대, 차트 위 MACD 다이버전스와 아래 반전율

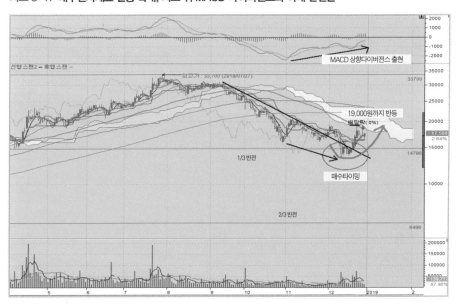

〈대주전자재료〉를 더 확대한 차트를 보자. MACD에 상향다이버전스가 출현했으며, 저항추세선의 상향돌파가 동시에 이루어졌다. 그 결과 매수타이밍이 좀 더 강력하게 확인되었다. 확신을 가지고 매수한 결과 수익률을 높일 수 있었다.

하락한 주식의 반등 시 반전율을 적용한 매도타이밍 포착

〈대우조선해양〉의 반전율을 이용한 단기 박스권 트레이딩 전략을 살펴보자. 〈대우조선해양〉은 정배열 진입으로 좋은 흐름을 타고 있었지만 고점매물에 부딪히며 조정에 진입하였다. 반전율 1/3~2/3 구간에서 박스권 트레이딩으로 활발한 트레이딩을 구사할 수 있었다.

차트 8-12 대우조선해양 일봉, 반전율을 이용한 단기박스권 트레이딩

첫 조정점인 2/3 반전구간 26,991원에 공략하여 고점까지 42% 1차 반등 수익 기회를 제공하였고, 2차 매수타이밍은 다시 1/3 반전가격대인 32,236원 근처에서 두 번의 기회를 제공하여 19%의 반등 수익이 있었다.

반전율 활용을 위한 홈트레이딩 시스템(HTS) 불러오기와 사용하기

HTS를 통해 반전율을 공부하고 실전에 활용하기 위한 방법을 소개하고자 한다. 국내에는 여러 증권사가 있으나 반전율을 적용할 수 있는 툴(Tool)를 확실하게 제공하는 증권사는 대신증권 시스템이다. 이 책에서 사용되는 차트도 모두 동사의 시스템을 활용했음을 밝힌다. HTS을 열어 종목이나 선물, 기타 차트를 띄운 다음 아래의 과정을 따라 접근하면 된다.

① 먼저 차트를 띄워 왼쪽 상단에 있는 화살표를 누른다.

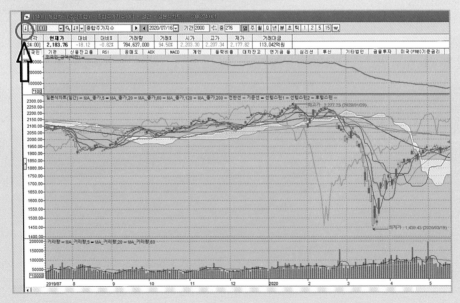

② 그러면 챠트 상단부에 다음 그림처럼 서브툴바가 생성된다.

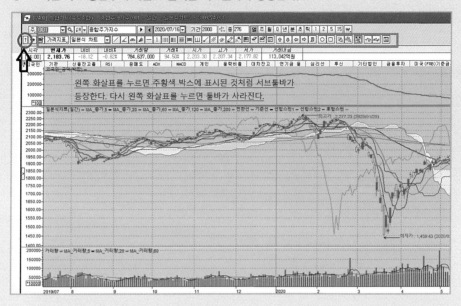

③ 서브툴바에서 중간에 있는 구간분석툴을 선택한다.

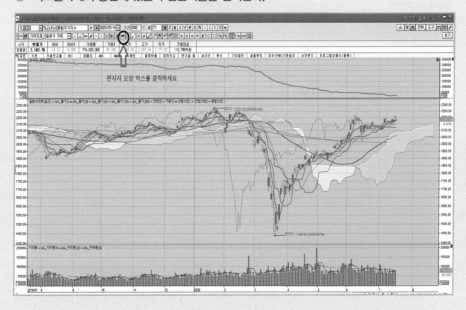

④ 구간분석 창이 뜨면 다음 설명을 참고해서 클릭하고 사용한다.

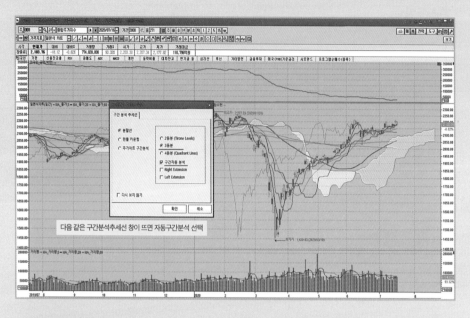

다음 같은 구간분석추세선 창이 뜨면 자동구간분석 선택

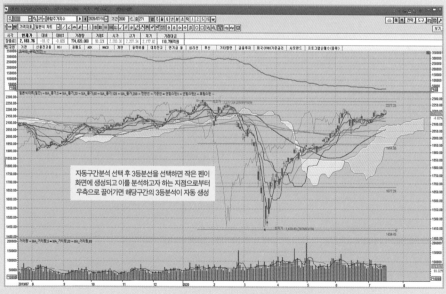

자동구간분석 선택 후 3등분선을 선택하면 작은 펜이
화면에 생성되고 이를 분석하고자 하는 지점으로부터
우측으로 끌어가면 해당구간의 3등분석이 자동 생성

⑤ 같은 방법으로 2등분선, 즉 50% 구간 분석도 불러오면 된다.

⑥ 로그차트는 마우스 오른쪽을 클릭하여 '로그차트'를 지정하면 간단히 설정할 수 있다.

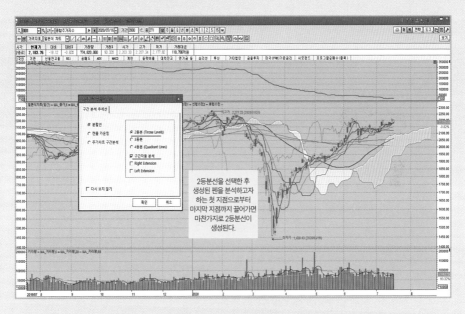

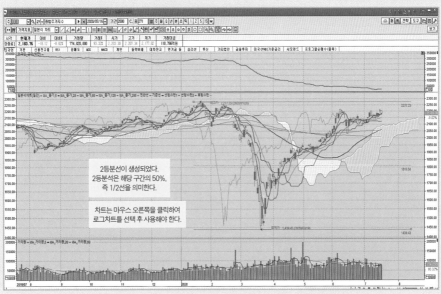

9장

계좌를 폭발시키는
반전율의 신세계

반전율은 그럴싸한 이론에 그치지 않는다. 실전에 활용하기 어려운 이론은 그 실용성이 현저히 떨어질 수밖에 없다. 누구나 실전에 사용하여 수익으로 연결할 수 있어야 의미가 있을 것이다. 그런 면에서 반전율은 단순하면서도 강력하기에 탁월한 실제 수익을 보장한다.

이 장에서는 2018년 12월부터 시작된 회원들의 계좌 10루타 투자수익률의 실전적 사례를 통해 종목공략의 타이밍과 황금률, 파동이론을 접목하여 실전적 매매팁을 제공하고자 한다.

종목	매도일	비중	실제 투자금액	수익율	수익금액	세금+ 수수료	실제 비용	비용 차감후	원금+이익
풍국주정	2018-12-18	10%	10,000,000	27.39%	2,739,000	0.330%	33,000	2,706,000	111,482,650
풍국주정	2018-12-18	10%	10,000,000	11.83%	1,183,000	0.330%	33,000	1,150,000	112,632,650
일진다이아	2018-12-19	10%	10,000,000	20.09%	2,009,000	0.330%	33,000	1,976,000	114,608,650
풍국주정	2018-12-19	10%	10,000,000	25.52%	2,552,000	0.330%	33,000	2,519,000	117,127,650
도화엔지니어링	2018-12-19	5%	5,000,000	-3.76%	-188,000	0.330%	16,500	-204,500	116,923,150
풍국주정	2018-12-20	5%	5,000,000	7.63%	381,500	0.330%	16,500	365,000	117,288,150
부광약품	2018-12-20	5%	5,000,000	3.23%	161,500	0.330%	16,500	145,000	117,433,150
에스엠	2018-12-28	10%	10,000,000	-4.67%	-467,000	0.330%	33,000	-500,000	116,933,150

일진다이아	2018-12-28	5%	5,000,000	5.14%	257,000	0.330%	16,500	240,500	117,173,650
이엠코리아	2018-12-28	10%	10,000,000	3.66%	366,000	0.330%	33,000	333,000	117,506,650
아난티	2018-12-28	5%	5,000,000	3.62%	181,000	0.330%	16,500	164,500	117,671,150
이엠코리아	2019-01-02	5%	5,000,000	14.19%	709,500	0.330%	16,500	693,000	118,364,150
이엠코리아	2019-01-02	5%	5,000,000	7.12%	356,000	0.330%	16,500	339,500	118,703,650
이엠코리아	2019-01-02	5%	5,000,000	5.40%	270,000	0.330%	16,500	253,500	118,957,150
풍국주정	2019-01-02	5%	5,000,000	5.97%	298,500	0.330%	16,500	282,000	119,239,150
풍국주정	2019-01-02	5%	5,000,000	6.71%	335,500	0.330%	16,500	319,000	119,558,150
풍국주정	2019-01-02	10%	10,000,000	2.42%	242,000	0.330%	33,000	209,000	119,767,150
풍국주정	2019-01-03	10%	10,000,000	5.54%	554,000	0.330%	33,000	521,000	120,288,150
풍국주정	2019-01-03	5%	5,000,000	1.42%	71,000	0.330%	16,500	54,500	120,342,650
일진다이아	2019-01-03	5%	5,000,000	6.50%	325,000	0.330%	16,500	308,500	120,651,150
도화엔지니어링	2019-01-04	5%	5,000,000	-13.44%	-672,000	0.330%	16,500	-688,500	119,962,650
아난티	2019-01-04	10%	10,000,000	1.22%	122,000	0.330%	33,000	89,000	120,051,650
에스엠	2019-01-08	10%	10,000,000	-2.07%	-207,000	0.330%	33,000	-240,000	119,811,650
풍국주정	2019-01-08	5%	5,000,000	7.80%	390,000	0.330%	16,500	373,500	120,185,150
일진다이아	2019-01-09	5%	5,000,000	4.39%	219,500	0.330%	16,500	203,000	120,388,150
경농	2019-01-09	5%	5,000,000	2.71%	135,500	0.330%	16,500	119,000	120,507,150
포스코엠텍	2019-01-09	5%	5,000,000	14.29%	714,500	0.330%	16,500	698,000	121,205,150
안트로젠	2019-01-09	10%	10,000,000	-1.44%	-144,000	0.330%	33,000	-177,000	121,028,150
좋은사람들	2019-01-10	5%	5,000,000	-3.70%	-185,000	0.330%	16,500	-201,500	120,826,650
뉴로스	2019-01-10	5%	5,000,000	1.76%	88,000	0.330%	16,500	71,500	120,898,150
풍국주정	2019-01-10	5%	5,000,000	8.70%	435,000	0.330%	16,500	418,500	121,316,650
일진다이아	2019-01-10	5%	5,000,000	6.96%	348,000	0.330%	16,500	331,500	121,648,150

위 시기의 핵심 수익종목은 〈풍국주정〉과 〈일진다이아〉였다. 또한 대북경협주 핵심인 〈아난티〉도 중요한 포인트 종목이다. 이제 실전매매 팁을 차례대로 살펴보고자 한다.

📈 〈풍국주정〉 실전매매 팁

반전율의 공략타이밍은 고점에서 저점까지 하락폭의 최소한 1/3은 회복되었을 때이다. 추세적 저항선이 두 개가 걸쳐 있으며 1/3반등점, 1/2반등점, 2/3반등점이 제시되어 있다. 이는 증권사 HTS의 구간분석기능을 활용하여 로그차트로 설정한 후 확인할 수 있다.

차트 9-1 풍국주정 일봉

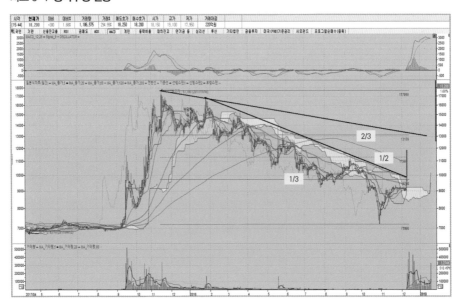

단순히 작은 기술적 반등을 노린다면 1/3 돌파 시 공략하여 1/2~2/3반등점까지, 즉 기술적 반등을 이용해 수익을 취할 수 있다. 그러나 이런 수준의 공략은 큰 거래량 증가를 동반하지 않으면 의미 있는 결과를 만들어내지 못한다.

이 시기 정부의 수소차 육성책이 구체화되면서 〈풍국주정〉이 관련 산업 핵심 종목으로 부각되었다. 기술적 측면을 보면 일거에 하락폭의 1/2반등점마저 돌파하면서 순식간에 가장 큰 저항점인 2/3 저항선마저 가시권에 들어왔다. 동시에 거래량이 증가하면서 에너지가 응축되었다.

이 경우 비록 일봉상 이동평균선들이 역배열에 놓여 있더라도 주봉이 정배열에 놓여 있다면 추세가 도약할 전열은 완비되었다고 볼 수 있다. 신고가를 넘볼 수 있는 결정적 시그널은 주가가 거래량 증가를 수반하면서 2/3반등점을 통과하는 직후가 된다. 이 지점에서는 위험관리, 즉 일정 수준의 손실발생 시 손절하겠

차트 9-2 풍국주정 일봉, 2/3 반등점 통과 후 과감히 공략

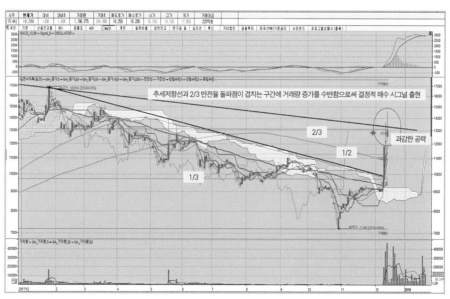

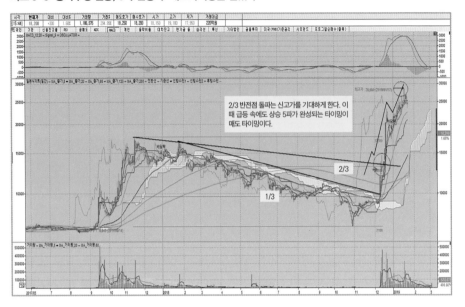

다는 사전적 준비 후, 과감히 매수에 나설 필요가 있다. 실전에서는 2/3반등점, 주
가로는 13,000원대 공방과 통과 시기에 과감한 매수전략을 펼친 것이 주효했다.

2/3 반등점에서 공략한 후 주가는 어떻게 되었을까? 파동의 흐름이 5파까지
전개되었다. 이후 하락전환이 확인되자(거래감소 동반 추세하락) 매도타이밍을 잡아
차익실현하였다.

〈일진다이아〉 실전매매 팁

〈일진다이아〉도 〈풍국주정〉과 함께 수소차 육성 핵심수혜주로 동반상승하였다.
실전에서는 두 개의 추세저항선과 1/3, 1/2, 2/3 반등점이 표시되어 있다. 거래량

차트 9-4 일진다이아 일봉

차트 9-5 일진다이아 일봉, 5파 완성 후 매도타이밍 출현

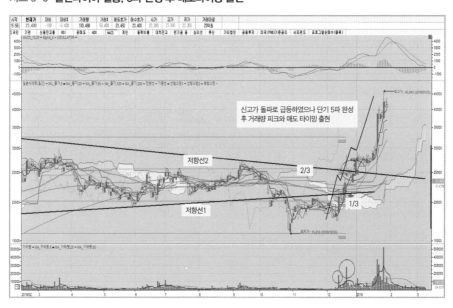

증가를 수반한 1/3돌파와 저항선1 통과 시 1차매수, 2/3와 저항선2 돌파 시 추가 매수로 신고가를 기대하는 매수가 완료된다.

〈일진다이아〉도 단기급등 5파를 완성하고 거래량이 감소하면서 추세하락이 확인되자 매도하여 수익을 실현하였다.

📈 〈경농〉 실전매매 팁

종목	매도일	비중	실제 투자금액	수익율	수익금액	세금+ 수수료	실제 비용	비용 차감후	원금+이익
포스코엠텍	2019-01-11	5%	5,000,000	9.12%	456,000	0.330%	16,500	439,500	122,087,650
성신양회	2019-01-11	5%	5,000,000	-0.79%	-39,500	0.330%	16,500	-56,000	122,031,650
미래컴퍼니	2019-01-11	5%	5,000,000	1.48%	74,000	0.330%	16,500	57,500	122,089,150
미래컴퍼니	2019-01-11	5%	5,000,000	3.71%	185,500	0.330%	16,500	169,000	122,258,150
고영	2019-01-11	5%	5,000,000	-1.55%	-77,500	0.330%	16,500	-94,000	122,164,150
에이스테크	2019-01-11	5%	5,000,000	-1.75%	-87,500	0.330%	16,500	-104,000	122,060,150
경농	2019-01-14	5%	5,000,000	22.69%	1,134,500	0.330%	16,500	1,118,000	123,178,150
포스코엠텍	2019-01-14	5%	5,000,000	18.11%	905,500	0.330%	16,500	889,000	124,067,150
풍국주정	2019-01-15	5%	5,000,000	6.84%	342,000	0.330%	16,500	325,500	124,392,650
풍국주정	2019-01-15	5%	5,000,000	11.11%	555,500	0.330%	16,500	539,000	124,931,650
풍국주정	2019-01-15	5%	5,000,000	11.97%	598,500	0.330%	16,500	582,000	125,513,650
경농	2019-01-15	5%	5,000,000	20.90%	1,045,000	0.330%	16,500	1,028,500	126,542,150
경농	2019-01-15	5%	5,000,000	18.66%	933,000	0.330%	16,500	916,500	127,458,650
포스코엠텍	2019-01-15	5%	5,000,000	19.69%	984,500	0.330%	16,500	968,000	128,426,650
일진다이아	2019-01-15	5%	5,000,000	4.39%	219,500	0.330%	16,500	203,000	128,629,650
인디에프	2019-01-15	5%	5,000,000	1.88%	94,000	0.330%	16,500	77,500	128,707,150
포스코엠텍	2019-01-15	10%	10,000,000	18.37%	1,837,000	0.330%	33,000	1,804,000	130,511,150

이엠코리아	2019-01-15	5%	5,000,000	4.38%	219,000	0.330%	16,500	202,500	130,713,650
일진다이아	2019-01-15	10%	10,000,000	4.03%	403,000	0.330%	33,000	370,000	131,083,650
뉴로스	2019-01-15	5%	5,000,000	-1.45%	-72,500	0.330%	16,500	-89,000	130,994,650
포스코엠텍	2019-01-15	5%	5,000,000	4.87%	243,500	0.330%	16,500	227,000	131,221,650
유한양행	2019-01-16	5%	5,000,000	0.80%	40,000	0.330%	16,500	23,500	131,245,150
미래컴퍼니	2019-01-16	5%	5,000,000	2.66%	133,000	0.330%	16,500	116,500	131,361,650
성신양회	2019-01-17	15%	15,000,000	-1.61%	-241,500	0.330%	49,500	-291,000	131,070,650
제이엔케이히터	2019-01-17	5%	5,000,000	16.15%	807,500	0.330%	16,500	791,000	131,861,650
뉴로스	2019-01-17	5%	5,000,000	8.70%	435,000	0.330%	16,500	418,500	132,280,150
유한양행	2019-01-17	10%	10,000,000	-1.31%	-131,000	0.330%	33,000	-164,000	132,116,150
제이엔케이히터	2019-01-17	5%	5,000,000	13.38%	669,000	0.330%	16,500	652,500	132,768,650
경농	2019-01-17	5%	5,000,000	1.49%	74,500	0.330%	16,500	58,000	132,826,650
포스코엠텍	2019-01-17	5%	5,000,000	-2.22%	-111,000	0.330%	16,500	-127,500	132,699,150
다원시스	2019-01-18	10%	10,000,000	-4.86%	-486,000	0.330%	33,000	-519,000	132,180,150
제이엔케이히터	2019-01-18	5%	5,000,000	7.23%	361,500	0.330%	16,500	345,000	132,525,150
인디에프	2019-01-18	5%	5,000,000	-1.98%	-99,000	0.330%	16,500	-115,500	132,409,650
일진다이아	2019-01-21	20%	20,000,000	22.10%	4,420,000	0.330%	66,000	4,354,000	136,763,650
포스코엠텍	2019-01-21	10%	10,000,000	5.47%	547,000	0.330%	33,000	514,000	137,277,650
뉴로스	2019-01-21	5%	5,000,000	7.58%	379,000	0.330%	16,500	362,500	137,640,150
포스코엠텍	2019-01-21	10%	10,000,000	-1.17%	-117,000	0.330%	33,000	-150,000	137,490,150
상아프론테크	2019-01-22	10%	10,000,000	5.16%	516,000	0.330%	33,000	483,000	137,973,150
풍국주정	2019-01-22	5%	5,000,000	-1.91%	-95,500	0.330%	16,500	-112,000	137,861,150
신원	2019-01-22	5%	5,000,000	-2.83%	-141,500	0.330%	16,500	-158,000	137,703,150

위 기간에는 〈경농〉이 큰 수익을 제공하였다. 대표적인 대북경협주로 〈경농〉의 매수타이밍은 고점대비 하락폭의 2/3 반전점을 통과하는 12,600원이었다. 거래량이 증가하면서 매수시그널이 출현하자 과감히 매수를 진행하였다.

차트 9-6 경농 일봉, 하락폭의 2/3 반전 구간에서 매수

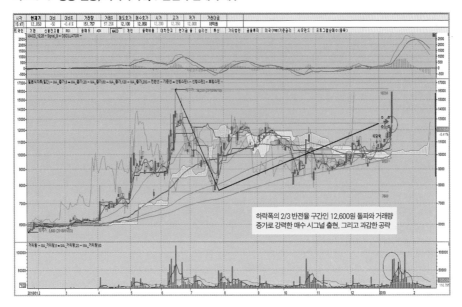

하락폭의 2/3 반전율 구간인 12,600원 돌파와 거래량
증가로 강력한 매수 시그널 출현, 그리고 과감한 공략

〈경농〉의 매도타이밍은 에너지 결집 과정에서 형성된 삼각수렴형의 삼각축 높이
(16,200-7,600=8,600원)에 2/3 반전율 통과가격인 12,600원을 더해 목표치로 산출된
21,200원 이상에서 분할매도로 제시되었고 고점매도에 성공하였다.

📊 〈엘비세미콘〉 실전매매 팁

종목	매도일	비중	실제 투자금액	수익율	수익금액	세금+ 수수료	실제 비용	비용 차감후	원금+이익
케이아이엔엑스	2019-05-02	5%	5,000,000	-3.52%	-176,000	0.330%	16,500	-192,500	143,118,650
와이솔	2019-05-09	10%	10,000,000	-3.80%	-380,000	0.330%	33,000	-413,000	142,705,650
쏠리드	2019-05-09	15%	15,000,000	9.46%	1,419,000	0.330%	49,500	1,369,500	144,075,150

카카오	2019-05-10	20%	20,000,000	0.78%	156,000	0.330%	66,000	90,000	144,165,150
케이아이엔엑스	2019-05-10	5%	5,000,000	-7.52%	-376,000	0.330%	16,500	-392,500	143,772,650
인크로스	2019-05-13	5%	5,000,000	-12.20%	-610,000	0.330%	16,500	-626,500	143,146,150
드림텍	2019-05-14	8%	7,500,000	20.19%	1,514,250	0.330%	24,750	1,489,500	144,635,650
인크로스	2019-05-14	5%	5,000,000	-14.36%	-718,000	0.330%	16,500	-734,500	143,901,150
쏠리드	2019-05-14	10%	10,000,000	0.64%	64,000	0.330%	33,000	31,000	143,932,150
네패스	2019-05-14	5%	5,000,000	31.05%	1,552,500	0.330%	16,500	1,536,000	145,468,150
드림텍	2019-05-15	5%	5,000,000	1.29%	64,500	0.330%	16,500	48,000	145,516,150
KEC	2019-05-15	5%	5,000,000	6.67%	333,500	0.330%	16,500	317,000	145,833,150
에이치엘사이언스	2019-05-15	5%	5,000,000	-1.98%	-99,000	0.330%	16,500	-115,500	145,717,650
에코마케팅	2019-05-15	5%	5,000,000	9.04%	452,000	0.330%	16,500	435,500	146,153,150
쏠리드	2019-05-15	5%	5,000,000	8.74%	437,000	0.330%	16,500	420,500	146,573,650
드림텍	2019-05-15	5%	5,000,000	-4.18%	-209,000	0.330%	16,500	-225,500	146,348,150
엘비세미콘	2019-05-15	5%	5,000,000	15.52%	776,000	0.330%	16,500	759,500	147,107,650
텔코웨어	2019-05-16	5%	5,000,000	-1.13%	-56,500	0.330%	16,500	-73,000	147,034,650
드림텍	2019-05-17	5%	5,000,000	-15.25%	-762,500	0.330%	16,500	-779,000	146,255,650
드림텍	2019-05-21	3%	2,500,000	10.28%	257,000	0.330%	8,250	248,750	146,504,400
에코마케팅	2019-05-21	10%	10,000,000	7.74%	774,000	0.330%	33,000	741,000	147,245,400
유비케어	2019-05-21	5%	5,000,000	-13.79%	-689,500	0.330%	16,500	-706,000	146,539,400
케이아이엔엑스	2019-05-23	5%	5,000,000	4.00%	200,000	0.330%	16,500	183,500	146,722,900
에치에프알	2019-05-23	5%	5,000,000	9.29%	464,500	0.330%	16,500	448,000	147,170,900
유비케어	2019-05-24	5%	5,000,000	-14.09%	-704,500	0.330%	16,500	-721,000	146,449,900
에치에프알	2019-05-27	5%	5,000,000	11.00%	550,000	0.330%	16,500	533,500	146,983,400
서진시스템	2019-05-27	5%	5,000,000	-9.31%	-465,500	0.330%	16,500	-482,000	146,501,400
네패스	2019-06-03	5%	5,000,000	52.30%	2,615,000	0.330%	16,500	2,598,500	149,099,900
테스나	2019-06-03	5%	5,000,000	13.84%	692,000	0.330%	16,500	675,500	149,775,400
엘비세미콘	2019-06-07	10%	10,000,000	2.33%	233,000	0.330%	33,000	200,000	149,975,400
천보	2019-06-10	10%	10,000,000	1.13%	113,000	0.330%	33,000	80,000	150,055,400

다산네트웍스	2019-06-11	10%	10,000,000	8.02%	802,000	0.330%	33,000	769,000	150,824,400
파워로직스	2019-06-12	5%	5,000,000	-1.06%	-53,000	0.330%	16,500	-69,500	150,754,900
에코프로비엠	2019-06-14	5%	5,000,000	-3.35%	-167,500	0.330%	16,500	-184,000	150,570,900
네패스	2019-06-17	5%	5,000,000	62.38%	3,119,000	0.330%	16,500	3,102,500	153,673,400
테스나	2019-06-17	5%	5,000,000	24.05%	1,202,500	0.330%	16,500	1,186,000	154,859,400
태영건설	2019-06-18	5%	5,000,000	-3.25%	-162,500	0.330%	16,500	-179,000	154,680,400
파워로직스	2019-06-19	5%	5,000,000	-7.80%	-390,000	0.330%	16,500	-406,500	154,273,900
위지윅스튜디오	2019-06-21	5%	5,000,000	-5.77%	-288,500	0.330%	16,500	-305,000	153,968,900
네패스	2019-06-21	5%	5,000,000	84.78%	4,239,000	0.330%	16,500	4,222,500	158,191,400

차트 9-7 엘비세미콘 일봉

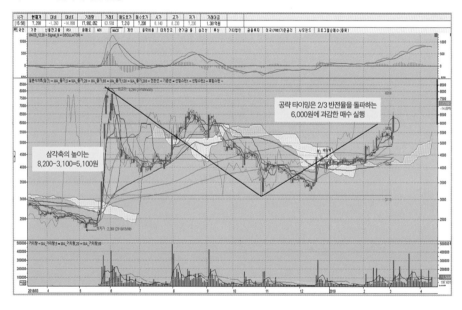

이 시기에는 〈엘비세미콘〉과 〈네패스〉가 큰 수익을 안겨주었다. 먼저 〈엘비세미콘〉을 보자. 이 종목은 반도체패키징 등 스마트폰 전력용반도체 같은 사업의 성장으로 급격한 실적개선을 이루었고, 더불어 BTS방탄소년단 관련 테마주로 부각

되어 급등세를 타기 시작했다.

〈엘비세미콘〉의 매수타이밍은 고점대비 하락폭의 2/3 반전율 돌파점인 6,000원에서 제시되었다.

〈엘비세미콘〉의 매도타이밍은 삼각축의 높이 5,100원에 2/3반전율 돌파점인 6,000원을 더해 5,100+6,000=11,100원 이상에서 분할매도로 제시되었다.

〈네패스〉 실전매매 팁

〈네패스〉는 비메모리 성장세 속에 반도체패키징 미세공정기술로 매출 성장을 기록중이었고 하락폭의 2/3 반전율 구간인 13,600원에서 매수타이밍이 제시되었다.

차트 9-9 네패스 일봉, 2/3 반전율 구간 13,600원에서 매수

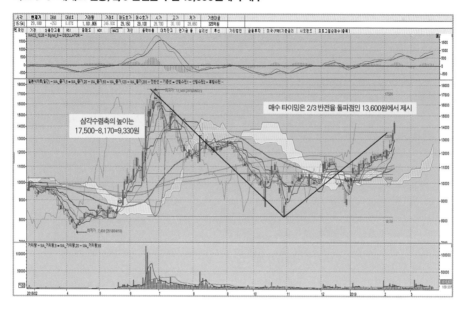

삼각수렴축의 높이는
17,500-8,170=9,330원

매수 타이밍은 2/3 반전율 돌파점인 13,600원에서 제시

차트 9-10 네패스 일봉, 목표가보다 높은 31,000원 이상에서 분할매도

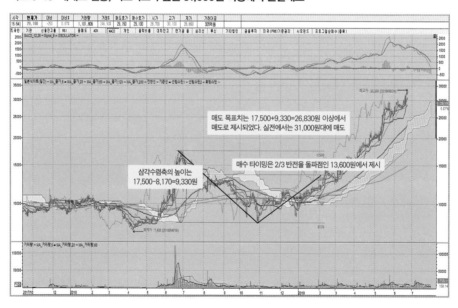

매도 목표치는 17,500+9,330=26,830원 이상에서
매도로 제시되었다. 실전에서는 31,000원대에 매도

삼각수렴축의 높이는
17,500-8,170=9,330원

매수 타이밍은 2/3 반전율 돌파점인 13,600원에서 제시

〈네패스〉의 매도타이밍은 반전율 돌파점인 13,600원에 삼각축의 높이 9,330원을 더해 26,800원 이상에서 제시되었다. 실전에서는 목표가보다 높은 31,000원 이상에서 분할매도하였다.

📈 〈젬백스〉 실전매매 팁

종목	매도일	비중	실제 투자금액	수익율	수익금액	세금+ 수수료	실제 비용	비용 차감후	원금+이익
삼성바이오로직스	2019-11-22	10%	10,000,000	1.36%	136,000	0.330%	33,000	103,000	180,722,000
오스코텍	2019-11-27	5%	5,000,000	0.66%	33,000	0.330%	16,500	16,500	180,738,500
다원시스	2019-11-27	5%	5,000,000	-1.24%	-62,000	0.330%	16,500	-78,500	180,660,000
CMG제약	2019-11-27	20%	20,000,000	-2.19%	-438,000	0.330%	66,000	-504,000	180,156,000
SK바이오랜드	2019-11-27	10%	10,000,000	10.79%	1,079,000	0.330%	33,000	1,046,000	181,202,000
SK바이오랜드	2019-11-27	5%	5,000,000	14.11%	705,500	0.330%	16,500	689,000	181,891,000
SK바이오랜드	2019-11-27	10%	10,000,000	3.11%	311,000	0.330%	33,000	278,000	182,169,000
SK바이오랜드	2019-11-27	5%	5,000,000	-2.41%	-120,500	0.330%	16,500	-137,000	182,032,000
SK바이오랜드	2019-11-28	10%	10,000,000	-4.22%	-422,000	0.330%	33,000	-455,000	181,577,000
젬백스	2019-11-28	5%	5,000,000	14.69%	734,500	0.330%	16,500	718,000	182,295,000
젬백스	2019-11-28	5%	5,000,000	14.47%	723,500	0.330%	16,500	707,000	183,002,000
헬릭스미스	2019-11-29	5%	5,000,000	-1.39%	-69,500	0.330%	16,500	-86,000	182,916,000
큐로컴	2019-11-29	5%	5,000,000	3.01%	150,500	0.330%	16,500	134,000	183,050,000
삼성바이오로직스	2019-12-03	10%	10,000,000	-0.23%	-23,000	0.330%	33,000	-56,000	182,994,000
젬백스	2019-12-03	10%	10,000,000	11.95%	1,195,000	0.330%	33,000	1,162,000	184,156,000
젬백스	2019-12-04	5%	5,000,000	6.82%	341,000	0.330%	16,500	324,500	184,480,500
젬백스	2019-12-04	5%	5,000,000	6.00%	300,000	0.330%	16,500	283,500	184,764,000
젬백스	2019-12-04	5%	5,000,000	8.13%	406,500	0.330%	16,500	390,000	185,154,000

젬백스	2019-12-05	5%	5,000,000	9.40%	470,000	0.330%	16,500	453,500	185,607,500
젬백스	2019-12-05	10%	10,000,000	9.04%	904,000	0.330%	33,000	871,000	186,478,500
젬백스	2019-12-05	20%	20,000,000	14.60%	2,920,000	0.330%	66,000	2,854,000	189,332,500
젬백스	2019-12-05	10%	10,000,000	11.62%	1,162,000	0.330%	33,000	1,129,000	190,461,500
메지온	2019-12-05	5%	5,000,000	-3.33%	-166,500	0.330%	16,500	-183,000	190,278,500
SFA반도체	2019-12-06	5%	5,000,000	-4.19%	-209,500	0.330%	16,500	-226,000	190,052,500
젬백스	2019-12-06	10%	10,000,000	23.51%	2,351,000	0.330%	33,000	2,318,000	192,370,500
젬백스	2019-12-06	5%	5,000,000	34.31%	1,715,500	0.330%	16,500	1,699,000	194,069,500
삼성바이오로직스	2019-12-06	10%	10,000,000	0.41%	41,000	0.330%	33,000	8,000	194,077,500
네패스	2019-12-06	5%	5,000,000	2.93%	146,500	0.330%	16,500	130,000	194,207,500
안트로젠	2019-12-09	5%	5,000,000	-12.50%	-625,000	0.330%	16,500	-641,500	193,566,000
젬백스	2019-12-09	5%	5,000,000	26.69%	1,334,500	0.330%	16,500	1,318,000	194,884,000
삼성바이오로직스	2019-12-10	30%	30,000,000	-0.10%	-30,000	0.330%	99,000	-129,000	194,755,000
알테오젠	2019-12-12	5%	5,000,000	-6.85%	-342,500	0.330%	16,500	-359,000	194,396,000
젬백스	2019-12-12	5%	5,000,000	-1.61%	-80,500	0.330%	16,500	-97,000	194,299,000
젬백스	2019-12-13	5%	5,000,000	0.76%	38,000	0.330%	16,500	21,500	194,320,500
젬백스	2019-12-16	5%	5,000,000	0.61%	30,500	0.330%	16,500	14,000	194,334,500
젬백스	2019-12-18	15%	15,000,000	8.48%	1,272,000	0.330%	49,500	1,222,500	195,557,000
알테오젠	2019-12-18	15%	15,000,000	10.10%	1,515,000	0.330%	49,500	1,465,500	197,022,500
큐로컴	2019-12-26	5%	5,000,000	-12.15%	-607,500	0.330%	16,500	-624,000	196,398,500
젬백스	2019-12-27	15%	15,000,000	11.76%	1,764,000	0.330%	49,500	1,714,500	198,113,000

〈젬백스〉는 11월말 치매치료제와 췌장암치료제 신약임상 결과 기대감이 상승하며 바이오 분야 잠재적 기대주로 부각되었다. 2/3 반전율 구간인 17,500원 돌파와 함께 강력한 매수를 진행하였다.

〈젬백스〉는 임상결과 공개 전후로 큰 변동성을 보였으나 목표치는 삼각축의

높이 13,140원과 직전 고점이었던 23,100원을 더해 36,200원 이상에서 분할매
도로 제시되었고 실전에서는 약 4만원 내외에서 차익실현하였다.

📈 계좌수익 10루타를 가능케 한 또 하나의 중요한 요점

살펴본 바와 같이 경협주, 수소차관련주, IT의 비메모리관련주, 〈젬백스〉 같은 제
약바이오주에서 큰 수익을 거두었다. 계좌는 수익을 거듭하면서 복리효과가 극
대화 되었다. 계좌가 후퇴하지 않고 전진하면서 지속적으로 수익을 거두면, 똑같
은 10% 수익도 금액은 더욱 커져간다. 그것이 복리효과의 마법이다.

특히 좋은 매수타이밍에 확신을 가지고 공략한 종목은 대부분 비중도 높게 하

여 큰 이익으로 결실을 맺을 수 있었다. 개인투자자에게 분산투자가 좋을 때도 있지만, 때로는 자신 있는 종목에 집중투자하여 투자효율을 높일 필요가 있다. 이 방법은 계좌를 폭발적으로 성장시키는 투자전략의 요체다.

실전에서는 〈풍국주정〉〈일진다이아〉〈경농〉〈엘비세미콘〉 등은 20~30% 비중으로 투자하였고, 〈네패스〉와 〈젬백스〉는 50~65%까지 비중을 높여 투자하였다.

과감한 비중투자는 손실회복 속도를 끌어올리고, 계좌를 폭발시키는 지렛대로 작용한다.

10장

떨어지는 칼날이 선사하는
결정적 매수타이밍

기존 차트에 몰입하다 보면 좋은 기회가 왔는데도, 오히려 위험하다고 인식하여 쉽게 포기하는 경우가 많다. 사실 나 역시 기존 파동이론이나 위험회피, 위험관리 차원으로 시세를 바라보다가 급락으로 인해 생긴 결정적인 기회를 많이 놓쳤던 경험이 있다.

그러나 반전율로 새롭게 무장한 이후에는 급락을 오히려 기다리는 여유가 생겼다. 특히 대세상승하는 종목이 결정적인 눌림목 구간에 있을 때의 공략, 특히 2/3 반전율 변곡점에서의 공략은 좋은 결과로 이어지는 경우가 많다.

이에 따라 사례들을 간략하게 살펴보면서 여러분의 투자가 다이내믹해지고, 급소에 들어가 찬스를 기회로 살리는 맥점 공략이 가능하도록 돕고자 한다.

코로나19는 대다수 종목들, 국내외를 막론하고 신저가 추세를 무수하게 출현시켰다. 그럼에도 불구하고 속수무책으로 바라볼 수밖에 없었던 현실은 지나고 나면 너무나 안타까움을 준다. 자주 오지 않는 큰 수익 기회를 놓쳤다는 자괴감은 투자자에게 말로 다 할 수 없는 상실감을 주지 않는가. 그러나 아쉬움은 계좌 전진에 아무 도움이 되지 않는다. 문제는 앞으로다. 떨어지는 칼날을 잡는 법을 익혀야 한다. 그런 기회가 다시 온다면 놓치지 않아야 한다. 또한 종목별로 칼날처럼 떨어지는 경우는 수없이 많다. 즉, 앞으로도 기회는 무궁무진하다는 의미다.

반전율이야말로 떨어지는 칼날도 잡을 수 있는 정확한 가격의 맥점을 제시한다. 이는 아무리 강조해도 지나침이 없다. 그만큼 강력하게 강조하고 싶다.

여러 사례들이 있지만, 특히 2/3 반전율과 1/2 반전율 구간의 결정적 기회를 통해 대세 주도주들의 흐름을 살펴보자. 국내와 해외로 나누어 살펴볼 예정이므로 다양한 형태의 투자자들에게 도움이 될 것으로 믿는다. 이 비법을 통해 향후 시장의 변동성 구간에서 등장할 결정적 승부기회를 살려 보길 바란다.

특히 이동평균선에만 의지해서 투자하는 투자자라면, 주가가 모든 이동평균선들을 돌파하고 나면 사고 싶은 주도주라도 매수를 돕는 가이드라인이 없기 때문에 매수 맥점을 잡을 수가 없다. 매수에 가담하지 못하고 주저주저하다가 하늘 높이 날아오르는 주가를 바라만 봐야 한다. 한참 시간이 지난 후에야 땅을 치고 후회하지만, 그 상실감은 결코 회복되지 않는다. 이제는 반전율이 그 상실감이 포만감으로 바뀌도록 도울 것이다.

🌑 미국 최강 주도주 테슬라와 엔비디아, 그들의 2/3 반전율 급소

코로나19 악재로 인해 전세계 증시가 패닉에 빠졌지만, 그 여파에도 불구하고 장세를 강력하게 상승으로 이끈 원동력은 언택트, 친환경 등 차세대 성장동력이었다. 특히 연구개발을 통해 미래의 성장기대, 잠재력이 큰 기업들에 대한 시장의 반응은 뜨거웠다. 막대한 유동성이 공급되고 미래의 성장기대감을 실적으로 보여주기 시작한 종목들이 핵심 타깃이 되었다.

여기서 주목할 것은, 장세가 심한 변동성을 타고 출렁일 때 성장주는 높은 밸류를 훼손하지 않고 간직한 채 급락하면서 오히려 좋은 매수기회를 제공한다는 점이다. 더불어 증시가 강세 마인드로 바뀌면 최고의 급등을 보여준다. 따라서 급소 공략에 성공하면 단기, 중기에 상상을 초월하는 큰 수익을 안겨준다. 그러나 대부분의 시세이론은 투매를 위험관리 후 관망해야 할 시점으로 이야기한다. 이는 기존 파동이론이나 포트폴리오 관리 등의 분야에서 위험관리의 가장 기본적인 부분으로 고려되는 것이다.

그러나 반전율을 통해 우리는 이 떨어지는 칼날 같은 시세를 매수 눌림목 급소로 활용할 것을 자신 있게 제안한다. 물론 급소를 공략한 후라 할지라도 주가가 일일 종가기준으로 5~7%의 하락이 나타나면 단기 위험관리를 전제할 것도 동시에 권한다.

먼저 전기차의 대명사로 떠오르면서 고평가 논란으로 공매도의 집중적인 공격을

차트 10-1 테슬라 일봉, 2/3 반전율 구간에서 반등하여 340% 상승중, 시세 여전

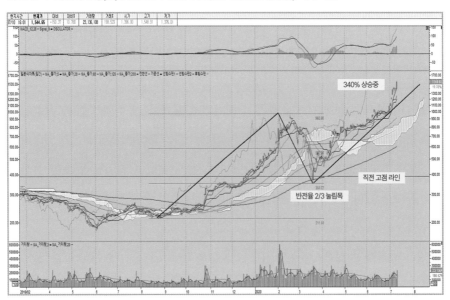

받았던 〈테슬라〉를 보자. 상승폭의 2/3 투매로 엄청난 공포를 주었으나 이는 성장에 대한 시각차로 인해 발생한 치열한 공방전이었다. 매도자는 코로나로 인한 타격을 매도포인트로 삼아 투매를 유도했으나 결정적인 구간인 2/3 눌림목을 반전율 포인트로 공략했다면 340%라는 엄청난 수익을 흡수할 수 있었다.

다음으로 반도체의 총아, 미래 자율주행과 게임 분야의 핵심적 GPU를 통해 기술력의 대명사로 따오른 〈엔비디아〉를 통해 테슬라와 동일한 결정적 2/3 반전율 기회를 확인할 수 있다.

　성장주들이 대세를 주도하지만 밸류 등에 대한 고평가 논란과 성장에 대한 확신의 사이에서 시장이 갈팡질팡할 때 나타나는 놀라운 매수기회를, 반전율을 적용한다면 명확하게 잡아낼 수 있다.

차트 10-2 엔비디아 일봉, 2/3 반전율 구간에서 눌림목 형성 후 급등 시세 진행중

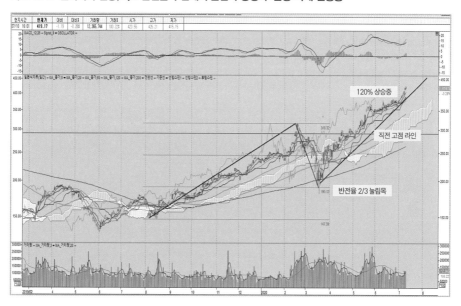

🌀 애플과 마이크로소프트의 반전율 1/2 급소 공략

미국증시뿐 아니라 전세계의 견고한 성장을 이끄는 주식으로 〈애플〉과 〈마이크로소프트〉를 들 수 있다. 이 2개의 기업은 견고한 흐름을 보이면서 다가올 미래, 즉 디지털 세상을 바꿀 당사자는 바로 자신임을 증명하였다. 그럼에도 불구하고 코로나19 악재를 피해가지 못했다. 이번 투매 구간에서 기업에 대해 확신을 가졌던 투자자들마저 공포에 질려 투매에 동참했고, 주가는 급락을 면치 못했다. 하지만 준비된 기업의 주가는 이후 어떻게 전개되었는가? 코로나19 이전보다 더 크게 성장, 발전하였다.

이들 기업에도 반전율을 적용해 보자. 정확히 1/2 반전율 눌림목 급소에서 매수기회를 제공하였다. 모든 이동평균선은 이미 뚫려버린 상태였다. 이동평균선에

차트 10-3 애플 일봉, 1/2 반전율 구간에서 정확히 반등 후 대세 상승 흐름 지속

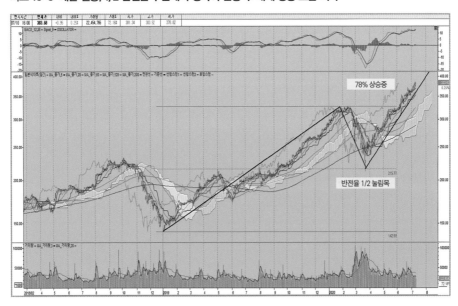

집착했다면, 감히 무서워서 들어갈 수 없는 자리에서 정확히 반등을 이끌었다. 마치 '정답은 바로 이곳에 있었다'고 말하는 것처럼 반전율이 주는 급소 안에서 주가가 움직였음을 확인할 수 있다.

〈마이크로소프트〉도 〈애플〉과 다르지 않다. 포인트는 동일하다.

🌑 국내 증시의 핵심성장주, 반전율 2/3 눌림목 사례

국내에서도 급등한 종목들을 통해 동일한 실전사례를 확인할 수 있다. 가장 먼저 언택트의 핵심 주도주로 장세를 이끈 〈카카오〉와 〈NAVER〉를 보면, 반전율 2/3 눌림목 구간을 매수 기회로 삼았을 때 각각 160%와 120%의 상승을 경험할 수

차트 10-5 카카오 일봉, 2/3 반전율 구간에서 반등 후 언택트 시대의 개막을 알렸다

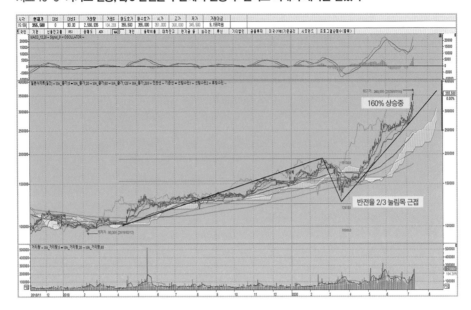

차트 10-6 NAVER 일봉, 2/3 반전율 구간에서 반등 후 언택트 시대의 쌍두마차로 올라섰다

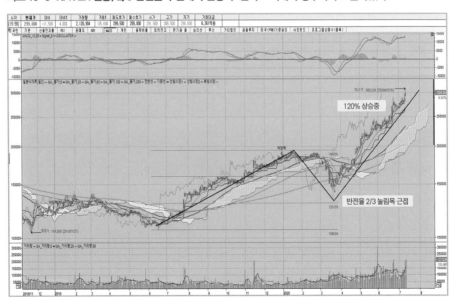

있었을 것이다.

〈DB하이텍〉 같은 비메모리 반도체 기업도 2/3 반전율 눌림목 구간에서 매수 타이밍을 정확하게 제시하고 있으며 매수한 투자자에게 120%의 수익 기회를 제공하였다.

클라우드컴퓨팅의 대명사인 〈더존비즈온〉도 2/3 급소 근접 구간에서 매수타이밍을 제시하고 있으며 125%의 수익을 주었다.

반도체 소재업체로 장세를 주도한 〈동진쎄미켐〉도 결정적 급소를 반전율이 적중시켜 보여주고 있다. 2/3 반전율 맥점에서 매수했던 투자자는 240%의 수익률 기회를 누릴 수 있었다.

일본의 수출규제로 인해 오히려 국내 여론이 일본산 불매로 돌아서며 급격한 시장점유율 상승을 기록한 〈하이트진로〉도 마찬가지 기회를 잡을 수 있었다.

차트 10–7 DB하이텍 일봉, 2/3 반전율 구간에서 매수 기회 제공

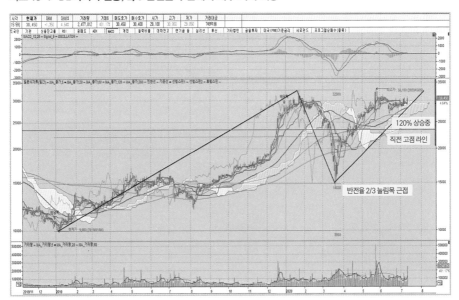

차트 10-8 더존비즈온 일봉, 2/3 반전율 급소 근접 구간에서 매수타이밍 제공

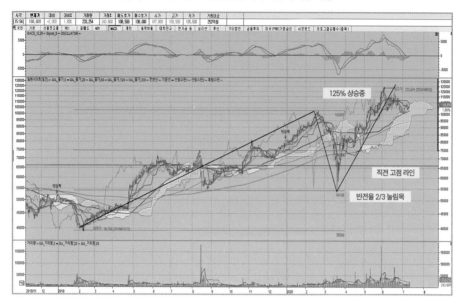

차트 10-9 동진쎄미켐 일봉, 2/3 반전율 맥점에서 매수 기회 제공

여기 언급된 종목들은 2/3 혹은 1/2 반전율 구간에서 눈부신 기회를 제공하여 화려한 수익률로 보답하였다. 시장의 핵심 주도주들이었기에 가능했음을 주지할 필요가 있다. 즉 반전율은 미래 가격에 대한 예지력을 지니고 있기 때문에 미리 길목을 지키면서 기다렸다가 차분하게 매수한다면 시장을 지배하는 종목들을 가장 저렴한 가격에 공략할 수 있다. 시장은 매일 요동을 친다. 시세를 따라가다 보면 자칫 가랑비에 옷 젖는 식으로 계좌가 증발해 버릴 수 있다. 그런 투자는 성공을 보장하지 않는다. 이제는 반전율로 공략해 보기 바란다. 투자하고 싶은 종목, 떨어지기를 기다렸던 종목이 있다면, 반전율로 무장한 채 매수타이밍을 기다려 보기 바란다. 맥점에 가장 싸게 사서 큰 시세를 함께 하는 즐거움은 투자의 진정한 재미와 쾌감을 선사할 것이다. 공포를 딛고 대중의 길과 반대로 갔을 때 커다란 선물 보따리가 기다리고 있음을 기억하기 바란다.

차트 10-10 하이트진로 일봉, 2/3 반전율 맥점에서 매수 기회 제공

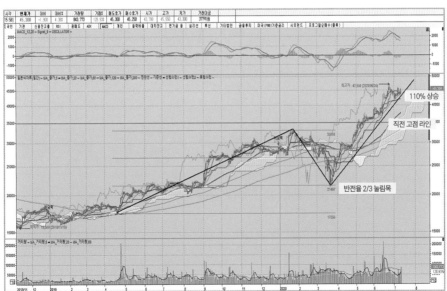

11장

10배 오르는 종목을
알아보는 법

투자자를 훈련하고 데이터와 추세를 분석하여 일정 수준까지는 투자성과를 높일 수 있다. 그럼에도 불구하고 모두가 뛰어난 성과를 내는 것은 아니다. 사람마다 개인의 능력 차가 존재하기 때문이다.

궁극적으로 속칭 10루타(1000%,10배)종목을 찾아내려면 창의적인 감각, 직관력이 있어야 한다. 그렇지만 꼭 그런 것은 아니다. 어느 정도까지는 사고방식과 접근방법을 바꾸면 상당히 근접할 수 있다고 생각한다.

수많은 투자 관련 서적들이 매출성장이나 이익증가, 수익모델 등을 언급하거나 기술적 분석을 통해 화려한 랠리를 예상할 수 있다고 간혹 이야기하지만 현재의 성장율이나 차트가 다가올 10루타까지 예상하기에는 용이하지 않은 것이 사실이다.

2017년 1월 초순, IT 박람회에서 4차산업혁명이 최대 화두로 떠올랐을 때, 증권가에서는 '다가오는 본격적인 4차산업 시대에 가장 부각될 성장주는 무엇인가?'를 놓고 갑론을박이 뜨거웠다.

당시 나는 1월 4일, 5일을 거치면서 핵심후보주로 〈미래컴퍼니〉와 〈삼화콘덴서〉〈엘앤에프〉를 제시하였다. 물론 이 종목들이 10루타를 달성할 것이라고 확신까지 하진 않았다. 그러나 〈삼화콘덴서〉와 〈미래컴퍼니〉는 실제 10배, 8배의 랠리를 전개했고, 〈엘앤에프〉도 3배 이상의 랠리를 보여주었다. 놀랍게도 불과 1년 반 만에 나온 성과였다.

2017년 1월 초에 제시한 위 3종목의 차트를 먼저 보고자 한다. 모두 당시 장중에 캡처한 것들이어서 추천 당시의 생생한 흐름을 느낄 수 있다.

⑤ 〈삼화콘덴서〉의 10루타 랠리와 성장주 발굴 포인트

먼저 〈삼화콘덴서〉를 보면 1월 5일 점심시간에 캡처하여 오후방송을 통해 공개하였다. 차트 좌측 상단부에 12시 41분이라는 시간이 선명하다. 이때 거래량은 51,200주였고, 장종료 시 74,202주로 늘어나서 마감되었다. 그리고 이 종목은 이후 조정을 받아 9,500원까지 약 10% 정도 하락하기도 하였다. 그러나 나는 1만원을 다시 복귀한 시점에 집중적으로 조명하여 10루타 랠리의 상당부분을 수익으로 흡수할 수 있었다. 물론 중장기 투자의 관점에서 줄기차게 매수해서 10배의 수익을 온전히 누리는 것이 최선이다. 그러나 통찰력을 통해 이런 종목에 대한 확신을 가지게 되면 10루타의 흐름 속에서 수백%의 수익을 취할 수 있다는 것이 핵심이다.

차트를 분석하여 〈삼화콘덴서〉의 가능성을 간단히 살펴보자. 2016년 〈삼화콘덴서〉의 주가흐름은 하락삼각형 수렴 이후 투매가 나왔다. 흔들기로 투매가 발생한 단층지대를 다시 회복하여 저항선인 5,000원을 재돌파함에 따라 목표가격이 나왔다. 삼각수렴축의 높이 8,000원에 저항선 돌파가격 5,000원을 더해 기본적인 도달 가능 목표가격 13,000원이 나왔다. 이를 일거에 도달하고 다시 조정에 진입하였다.

차트 11-1 삼화콘덴서 일봉

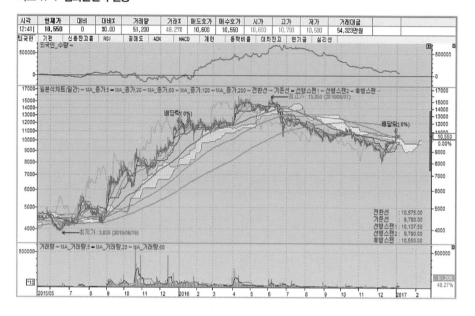

차트 11-2 삼화콘덴서 일봉, 끝없이 오르면서 10루타 달성

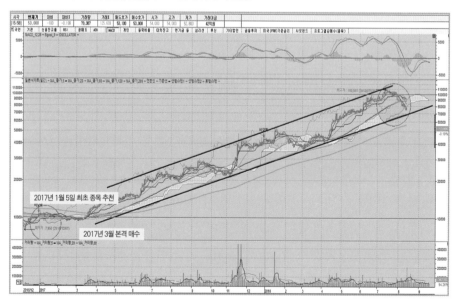

차트 11-3 삼화콘덴서 일봉, 저항선 돌파 후 목표가격까지 도달

차트 11-4 삼화콘덴서 일봉, 10루타를 향한 본격 랠리

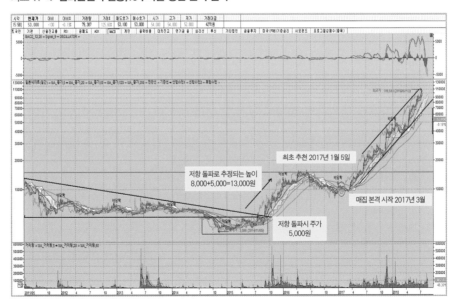

목표가 13,000원도 비교적 큰 수익이다. 그러나 무용담으로 회자될 정도는 아니다. 〈삼화콘덴서〉의 무용담은 이후의 흐름 속에서 나오게 된다. 역사적인 최고치를 경신하면서 본격적인 랠리가 이후 펼쳐졌기 때문이다.

당시 왜 〈삼화콘덴서〉에 주목하고 거대한 랠리를 예상했는지, 직관력과 통찰의 근거를 제시함으로써 독자들이 종목을 발굴하거나 성장주를 꿰뚫어 보는 안목을 갖는 데 다소나마 도움이 되고자 한다.

먼저 성장에는 필요한 조건이 있다. '기업의 준비'와 '시장의 걸출한 수요'가 맞물려야 한다. 기업의 준비는 연구개발활동을 의미한다. 〈삼화콘덴서〉는 당시 콘덴서 등 IT관련 품목들을 생산하고 있었지만 친환경 자동차의 핵심인 전기차의 판매성장에 수요가 증가할 것으로 예상되는 MLCC나 전기차배터리 등 기술에 연구개발을 집중하고 있었다. 즉 전기차 시대가 코앞에 다가와 있는 시점에, 핵심적인 부품을 공급할 준비가 되어 있거나 연구개발의 성과가 가시화되는 국면에 있었던 것이다.

둘째, 주가와 시가총액이 저렴해야 매력적이다. 성장 가능성은 증권사의 리서치 등을 통해 널리 유포되는 경우도 있지만, 시장이 최악의 부진을 겪고 있는 상황에서는 투자자나 증권사의 열망이 부족할 수밖에 없다. 따라서 일부의 관심만 존재할 뿐 주가는 매우 부담없는 수준에 머물러 있다. 〈삼화콘덴서〉가 바로 그런 종목이었다. 싼 가격에 매수가 가능한 시기였다는 뜻이다.

큰손들, 즉 기관이나 외국인, 기타 개인들의 매수가 본격화되고 주가가 움직이기 시작하면 투자자는 현기증을 느끼게 되지만 당시 시가총액은 불과 1000억원대였다. 영업이익을 지속적으로 발생시켜온 업력과 미래의 성장동력을 고려한다면 현재의 시가총액은 부담을 가질 필요가 없다.

셋째, 성장동력의 핵심인 MLCC 등의 공급업체가 많지 않다는 희소성도 중요하다. 희소성은 달리 표현하면 진입장벽이다. 가까운 미래에 새로운 경쟁자가 등장하기 어렵다는 것이다. MLCC를 생산하는 대기업으로 국내에서는 〈삼성전기〉, 해외의 경우 일본의 〈무라타〉, 대만의 〈야교〉 등 일부 업체에 국한되어 있었다. MLCC 가격이 상승세를 타게 되면 국내에서 〈삼성전기〉보다 덩치가 작은 〈삼화콘덴서〉의 주가 탄력이 훨씬 좋을 것이다. 〈삼화콘덴서〉의 1000억원대 시가총액은 어렵지 않게 몇 배의 랠리가 나올 수 있다고 직감할 수 있었던 근거였다.

성장주로서 〈삼화콘덴서〉의 주가가 랠리를 펼치려면 연구개발이라는 보이지 않는 잠재력과 자산, 그리고 저렴한 주가, 높은 진입장벽과 희소성이 중요한 포인트가 되었다. 특히 널리 알려지지 않은 초기단계에서 한 발 앞서 확신을 가지려면 앞서 언급한 성장주 구비덕목을 체크해보기 바란다. 뜨기 직전의 기업은 다음과 같은 특징을 가지고 있다.

① 연구개발로 다가오는 수요에 거의 준비가 완료되었으나
② 연구개발비 등으로 실적은 다소 성장세가 무디고 주가도 무겁게 진행된다.
그러나 전기차 이슈가 MLCC 수요증가로 연결될 것이라는 일부의 분석만으로도 주가는 본격적인 급등이 시작되었다.

💲 〈미래컴퍼니〉의 랠리와 성장주 발굴 포인트

〈미래컴퍼니〉도 2017년을 빛낼 4차산업혁명의 유망주로 1월 5일 〈삼화콘덴서〉와 함께 방송을 통해 20,000원 초반에 추천한 종목이다. 장중에 차트를 캡처한 시

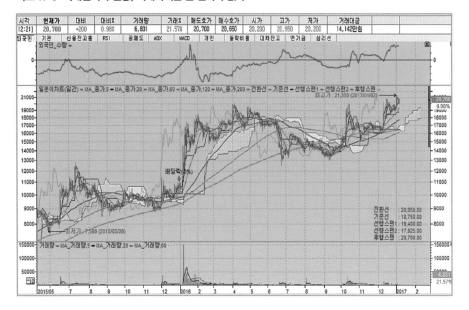

점은 1월 5일 12시 21분으로 HTS 화면 좌측상단에 표시되어 있다.

20,600원에 추천하였는데, 당일 점심시간대까지의 거래량은 6,800주, 장종료 시점까지의 거래량도 12,000주를 약간 넘는 정도였다. 아직 성장기대감이 확산 되지 않은 상태였다는 사실을 확인할 수 있다.

〈미래컴퍼니〉도 2016년 차트를 보면 1차 기대감은 있었던 주가흐름이었으나 거래가 부진하였고, 2017년 1월에 다시 올라오기까지 상당히 답답한 조정구간을 지나왔다. 그러나 이를 극복하고 삼각수렴으로 돌파시도가 임박해 있음을 확인 할 수 있다.

그리고 2017년 1월 5일 추천 이후 본격 랠리가 시작되더니 역사적 신고가 인 25,000원을 돌파하면서 삼각축의 높이와 돌파지점의 가격을 더해 목표치는 45,000원 이상으로 제시될 수 있었다.

차트 11-6 미래컴퍼니 일봉, 2만원을 돌파하며 본격 랠리 시그널 발생

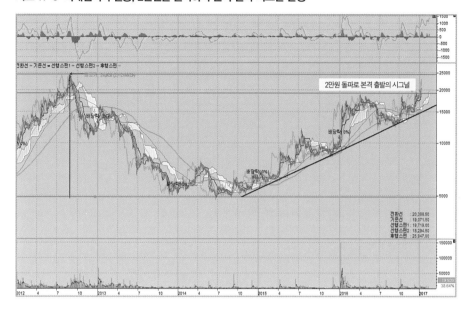

차트 11-7 미래컴퍼니 일봉, 본격 랠리를 펼치며 시세 분출

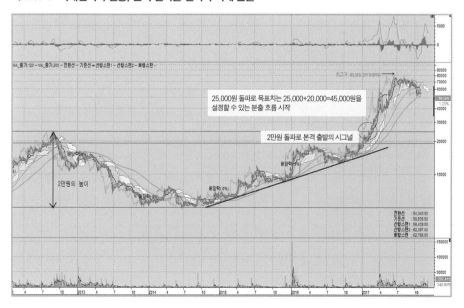

차트 11-8 미래컴퍼니 일봉, 8배의 랠리 전개

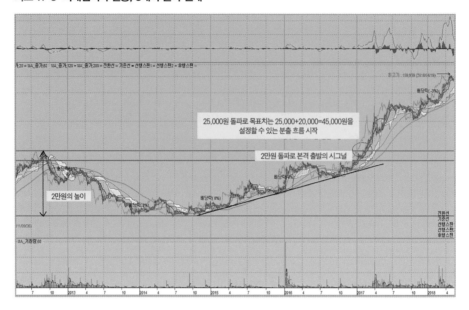

결국 20,600원에 추천한 종목이 1년 반 만에 8배의 랠리가 전개되었다.

기술적 분석으로 차트를 보면, 5천원부터 25,000원까지 삼각수렴의 매집과 돌파로 중기 4만원대까지 상승목표를 제시할 수 있었지만 차트만 봐서는 10루타를 논할 만한 근거를 발견할 수 없다.

그렇다면 〈미래컴퍼니〉의 랠리를 가능케 한 원동력은 무엇인가? 그 포인트를 짚어보자.

먼저 연구개발의 성과가 임박했다. 당시 나는 가족의 중병으로 큰 수술을 바로 곁에서 지켜본 직후였다. 당시 외과수술과 관련하여 많은 고민과 조사를 하던 시점이었다. 〈미래컴퍼니〉가 외과수술 관련 로봇을 개발하여 임상이 상당히 성공적으로 진행되고 있다는 간략한 정보를 확인하였다. 당시 로봇수술은 복강경수술이나 개복수술 같은 의사의 손에 의한 수술보다 정밀도가 매우 높으나 의료보

험의 혜택이 도입되지 않아 수술비용이 워낙 고가였다. 그럼에도 정확도 면에서 로봇수술이 탁월하다는 견해들도 있었다.

그래서 나는 임상중인 외과수술로봇보다 먼저 업계를 주름잡고 있는 〈인튜이티브서지컬〉이라는 미국기업의 수술로봇과 그로 인한 매출, 이익 그리고 주가의 놀라운 수준을 확인할 수 있었다. 물론 후발주자이긴 하지만 그와 비견할 만한 수술용로봇을 개발하여 완료단계로 진입한 기업으로서 디스플레이와 반도체 장비매출과 이익도 어느 정도 구가할 만한 IT호황기에 수술용로봇의 성장기대감이 작동할 것으로 판단해도 무방하였다.

투자자는 생활 속 경험을 통해 배우고 쉽게 지나치지 않으며 통찰력을 발휘할 필요가 있다. 〈미래컴퍼니〉를 통해 이 사실을 다시 한 번 상기할 수 있었다. 환자를 회복시키기 위한 고민 속에서 새로운 분야를 알게 되고 그로 인해 좀 더 확신을 가지고 기업을 분석하고 투자하게 된 것이다.

증권사를 통한 〈미래컴퍼니〉 관련 추천리포트는 4만원대부터 나왔다. 그리고 반도체, 디스플레이 호황과 함께 실적도 좋아지면서 주가가 탄력을 받기 시작했다.

연구개발이 완료되어 가는 기업이 새로운 4차산업 수혜주로써 미국의 거대기업 〈인튜이티브서지컬〉이 핵심으로 내세우는 수술용로봇과 필적할 만한 기술을 축적했다는 것만으로도 상당히 큰 의미를 부여할 수 있었다. 물론 출시 이후 얼마나 판매가 가능할지는 다시 한 번 점검하고 리스크를 생각해야 하겠지만, 수술용로봇의 허가를 받아 판매 단계로 나갈 때 시간의 흐름에 따라 투자자의 기대와 주가의 상승은 상당히 전개될 수 있다는 점을 오랜 투자경험을 가진 나는 쉽게 짐작하고 확신할 수 있었다.

또한 주가(시가총액) 수준도 1~2천억원으로 저렴했다. 기본적인 장비매출과 이익으로도 상당히 긍정적인 모멘텀을 갖추고 있는 데다가 수술용로봇이나 새로운 장비의 개발로 연구개발 성과가 축적되어 향후 기대치가 다시 크게 올라오고 있었던 것이다.

더불어 수술용로봇을 연구개발로 완성단계로 진입한 기업이 국내에서는 〈미래컴퍼니〉와 〈고영〉 정도로 매우 희소한 영역이라는 점도 〈삼화콘덴서〉와 유사하다고 볼 수 있겠다.

〈삼화콘덴서〉와 〈미래컴퍼니〉는 연구개발의 완성 시점에 큰 시장이 열리고 있다는 공통점과 시가총액 등이 매력적으로 싸고, 기본적인 이익창출력을 갖추고 있어 흑자기업으로서 안정감도 어느 정도 확보한 상황이었고, 국내에서는 희소성이 큰 기술력을 가지고 있어 성장가치를 알아보고 접근할 경우 종목 수가 많지 않아 집중적으로 강한 랠리가 나올 수 있다.

성장성을 알아보는 통찰력은 극소수만 가질 수 있는 대단한 무엇이 아니다. 기술을 갖춘 기본적 실적주로써 새로운 연구개발의 성과가 개화단계로 접어들 때, 이제는 개발비용을 회수할 시점으로 희소성에 의한 수급의 분출을 기대할 수 있다. 〈미래컴퍼니〉와 〈삼화콘덴서〉 모두 이러한 공통점을 가진 종목들이었다.

너무 차트에만 몰입하면 기업의 미래를 통찰할 수 없다. 대단한 발견은 기업의 사업보고서나 생활주변을 살펴보는 데서 탄생한다. 이 점을 항상 유의하고 투자에 반영할 수 있어야 한다.

12장

10루타를 탄생시키는
증시 바닥의 징후들

저렴한 주가와 낮은 기대가 큰 수익을 제공한다

불경기가 진행되고 증시의 수급이 악화되어 투매가 거듭되면, 시장의 기대감이 급격히 사그러들면서 투자자들이 증시를 떠난다. 이때 남은 사람들은 대주주와 중장기 투자자들 정도다. 이들은 서둘러 매도할 이유가 없는 주식보유자들로, 주가가 바닥을 확인하고 반등하는 초기에 큰 저항이 없이 숏커버링 등 반사적 매수세만으로도 급반등하는 기술적 상승세를 경험할 수 있다.

바닥에 대한 확신은 여러 가지 형태로 잡아낼 수 있다. 특히 신문이나 방송은 대중의 심리적 불안감을 이용한다. 관심을 끌기 위해 공포를 일으키는 화두를 매일 쏟아낸다. 호황이 시작된 지 얼마 되지도 않았는데도 엄청난 위기가 오고 있다는 분위기를 조성한다. 투자자들은 이런 기사를 평안한 마음으로 대할 수 없다. 마음이 흔들려 신문, 방송의 침소봉대하는 멘트를 받아들여 투매 대열에 동참하곤 한다.

투매는 저렴한 주가 구간에서 자주 일어난다. 즉 주가는 싸지만 떨어지는 칼날을 견디지 못하는 것이다. 대중은 시장에 대한 확신이 없기 때문에 두려움에 사로잡히고, 증시에서 도망가는 것이 상책이라고 생각한다.

폐허가 된 시장, 아무도 관심을 갖지 않는 시장이 스마트머니들에게는 바겐세일 구간이다. 이처럼 바닥에서 줍는 주가는 약간의 기술적 반등만으로도 수십%의 이익을 가져다준다. 대단한 반전이 일어남을 반전율을 통해 파악할 수 있다.

10루타를 달성하고 싶다면, 바닥에서 진입하는 구간부터 증시에 참여해야 한다. 철저히 씨앗을 뿌리는 농부의 심정을 가져야 한다. 주가가 낮으니 여유를 가지고 편하게 보유하면 대세상승이라는 큰 흐름을 탈 수 있다.

'수급이 좋다'는 말은 이처럼 투매가 진행된 이후 더 이상 단기간에 나올 매물이 많지 않은 상황, 스마트한 자금들이 비교적 손쉽게 유입될 만한 좋은 환경을 제공하는 시기를 일컫는다. 이처럼 중장기 보유자와 새로운 스마트머니들의 매수, 숏커버링 등 다양한 매수유인이 발생하는 시기를 노려야 한다.

주가 바닥에서 나타나는 지원사격들

사실 주식을 바닥에서 매수한다는 것은 쉽지 않다. 바닥은 시간이 지난 후 '아, 그때가 바닥이었구나' 하고 확인할 수 있을 뿐이다. 따라서 기술적 분석 영역에서도 바닥을 논하는 것은 금기사항처럼 여겨진다.

바닥이 어느 곳인지 정확한 지점을 논할 수는 없지만, 바닥의 징수를 파악할 수는 있다. 즉 언론의 과도한 흔들기와 공포감 조성이 극에 달하고, 대중은 이에 동조해 비관론이 팽배해진다. 이에 맞서 정부와 중앙은행, 기업 등은 정책적인 부양의지를 보인다. 이것이 바로 바닥이라는 증거다.

대주주들은 증여나 상속, 자사주 매수나 인수합병 등을 통해 주가에 대한 바닥 확신을 드러내곤 한다. 기업은 자산매각, 인건비 감축 등으로 비용 부분에서의 군

살을 제거하고 흑자전환에 성공하나 업황 전망은 여전히 부진하다. 그러나 경쟁자들이 불황 등으로 시장에서 퇴출되고 살아남은 기업들은 인수합병에 나서기 시작한다.

정부는 꺾인 경기상황과 물러설 수 없는 시장분위기를 고려하여 강력한 경기부양책을 단행한다. 중앙은행도 위축된 시장을 살리기 위해 통화완화정책, 즉 돈풀기와 금리인하 등으로 시장을 살리기 위해 노력한다.

투자자는 이때 정부의 정책적인 부양이 어떤 업종이나 섹터를 중심으로 이루어지는가에 주목해야 한다. 또 기업들이 정부와 함께 진행하는 프로젝트와 전략적인 의지를 드러내는 방향도 고려하면 더욱 좋은 투자 힌트를 얻을 수 있다.

주식의 핵심주체인 기업과 대주주, 세금을 거두고 채권을 발행하여 막대한 예산투입이 가능한 정부, 무한한 발권력을 가진 중앙은행이 나서면 비록 당장은 실효를 거두지 못하더라도 그 투자하는 자금, 즉 유동성의 힘에서 비롯된 기대감에 의해 강한 랠리가 등장한다. 그리고 경기부양에 성공까지 한다면, 비로소 10루타의 가능성이 현실화되는 것이다.

다음 페이지 그림은 증권사가 만든 정부와 현대차의 수소차 관련 정책 예시다. 자동차산업이 어려워지자 정부는 지원책을 제시했고, 해당기업도 이와 관련하여 자신의 전략적 의지를 드러내었다. 이러한 투자와 지원이 실질적인 성과로 연결된다면, 해당 수혜주들은 거대한 잠재력을 주가상승이라는 현실적인 지표들로 드러낼 것이다.

정부

● 2022년까지 수소차 6.5만 대 보급(기존 1.5만 대)

● 충전소 310기

● 수소전기버스 1,000대 보급

수소차 관련 연도별 민관 투자계획

구분	2018년	2019년	2020~22년
투자규모	1,900억원	4,200억원	2조원
주요 프로젝트	수소충전민간 SPC 설립	● 실증용 수소버스 제작 ● 버스용 수소 저장용기 출시	● 수소차 생산공장 증설 ● 스택공장 증설 ● 패키지형 수소충전소 양산

기업

● 2020년까지 수소차 CAPA 3천 대 ┈→ 1.1만 대

● 2030년까지 연간 50만 대 규모 FCEV 생산체계 구축

● R&D 및 설비 확대 위해 7.6조원 투자

현대차 그룹/협력사 수소전기차 로드맵

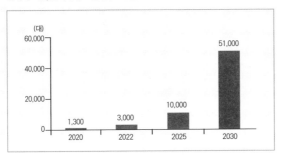

13장

도약 직전의
주가차트 알아보는 법

📈 투자자의 로망은 상승출발 직전 매수하는 것

모든 투자자들의 꿈은 비슷하다. 매수하자마자 기다릴 새도 없이 곧바로 급등하는 것이다. 천하의 워런 버핏도 좋아하는 일이다.

그러나 상승을 이끄는 주도세력의 입장은 이와 다르다. 해당 종목에 개인투자자들이 많으면 많을수록 주가 상승에 걸림돌로 작용하기 때문에 매집 과정에서 이를 최대한 숨기려고 한다. 혹은 따라붙는 대중들을 따돌리기 위한 액션도 실행할 수 있다. 어차피 대세상승은 예정되어 있다. 따라서 눈속임을 통해 투매를 유발시키는 소위 할리우드 액션도 이들에게는 중요한 추세전략 중 하나다.

개인투자자들이 눈속임에 당하지 않고, 투매 대열에 동참해 출발 직전 버스에서 뛰어내리는 우를 범하지 않으려면 먼저 상대의 의도를 정확히 판단할 수 있어야 한다. 가장 전형적인 매집 흐름과 매집 패턴, 목표치 분석 등을 통해 대세를 흡수할 수 있는 방법을 익히고 있어야 한다.

이제 그 방법을 제시하고자 한다. 삼각수렴과 부챗살 등이 나타내는 분출 흐름들을 간단히 살펴보자.

주가의 삼각수렴과 분출 패턴

큰 분출이 있기 전 나타나는 전형적인 에너지 축적과 매집 흐름은 무엇인가? 이 물음에 대한 답을 찾을 수 있다면 투자자에게는 큰 행운이 아닐 수 없다. 답을 하나씩 찾아보자.

답이라 할 수 있는 대표적인 현상은 '삼각수렴 후 분출'이다. 삼각수렴 이후 저항선 돌파와 함께 상승의 기본적인 목표치가 추정될 수 있다는 것이 삼각수렴 패턴의 좋은 점이다. 왜냐하면 개인투자자들의 경우 얼마까지 상승할지 알지 못하고, 중간의 흔들기나 작은 음봉에도 현기증이 일어 속절없이 매도한 다음 큰 분출을 아쉬워하는 경우가 많기 때문이다. 삼각수렴은 개략적인 기본상승 목표치를 알 수 있어 목표가격까지 제시하므로 투자자가 버틸 수 있는 근거가 된다. 몇 가지 종목 예시를 보자.

먼저 남북경협주로 인기를 끌었던 〈아난티〉의 돌파와 분출 흐름을 살펴보자. 상당 기간 삼각수렴으로 전개되던 주가는 거래량 증가를 수반하면서 돌파 시도가 나타났고, 이후 기본목표치인 18,700원을 넘어서는 분출이 나왔다. 삼각수렴형 패턴은 대부분 기본 목표치를 상회하는 상승세가 전개되곤 한다(다음 페이지 아난티 일봉 참조).

간혹 삼각수렴의 상단저항선을 돌파했던 주가가 더 이상 치고 나가지 못하고 되밀려 저항선 아래로 내려오는 눈속임 돌파도 발생한다. 이런 경우 확실한 돌파가 이루어졌는지 확인하는 과정이 필수다. 거래량이 직전 거래량보다 3배 이상으로 증가했는가와 주가가 종가를 기준으로 저항선으로부터 3% 이상에서 종료될 경우 돌파의 신뢰도가 높다고 본다. 눈으로 쉽게 확인할 수 있는 수치이므로 외우거나 어딘가에 적어놓으면 매매에 긴요하게 사용할 수 있을 것이다.

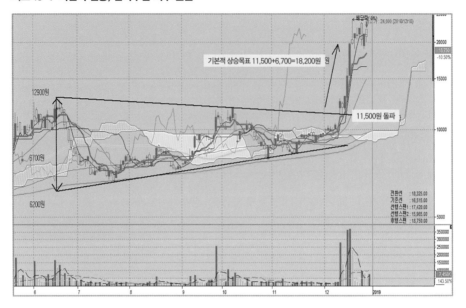

또 하나의 사례로 〈에스티큐브〉를 보고자 한다. 실적으로 본다면 큰 상승을 예상하기 어려운 종목이지만, 제약바이오 업종의 종목들이 대체로 재무제표상 적자기업들이 많다는 점, 성장성테마라는 점을 감안해 차트를 중심으로 접근할 수 있다고 판단한다.

오랜 기간 삼각수렴을 진행한 전형적인 패턴이 확인가능하다. 돌파 흐름과 함께 거래량 급증도 관찰할 수 있다. 돌파 시 과감한 공략에 나설 경우 기본적인 상승목표치는 14,500원으로 설정할 수 있으나 실제는 이보다 더 진행된 후에 조정에 진입했다.

투자자는 기본목표치에서 절반 이상을 차익실현하고 이후 계속 상승하면 분할로 매도하면 된다. 혹은 목표치를 돌파하더라도 대량거래가 발생하며 매물이 출회되는 거래량 급증 전까지 보유하면서 추세적인 수익 흡수도 가능하다.

차트 13-2 에스티큐브 일봉, 삼각수렴 이후 분출

차트 13-3 대주전자재료 일봉, 삼각수렴 이후 대시세 연출

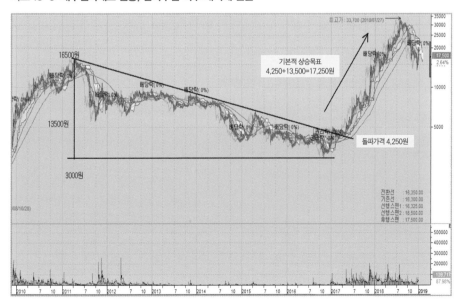

IT기업인 〈대주전자재료〉도 살펴보자. 이 종목은 상당 기간 조정폭을 동반한 삼각수렴 흐름이 나타났고 이후 돌파와 함께 큰 분출을 이루었다. 특히 저렴한 주가와 큰 폭 조정 이후 반전으로 V자 상승을 나타내 기본적인 목표주가를 크게 상회하는 결과를 보여주었다.

🏛️ 저항의 돌파와 부챗살 원리

투자자들이 가장 답답하게 여기는 것이 박스권이다. 돌파 후 한 단계 상승하기를 원하지만 자꾸 막히고 상승기대감이 좌절되다 보면, 머지않아 크게 전개될 흐름을 놓치고 마는 경우가 있다. 특히 거대한 시세분출이 일어난다면 그 허탈감은 더욱 클 수밖에 없다. 인내의 결실을 제대로 거두려면 부챗살의 원리를 알아둘 필요가 있다.

부챗살은 일봉차트 상 추세저항선 3개를 돌파하는 시점에 본격 출발이 나타난다는 원리다. 한국인이 좋아하는 삼세 번, 삼세 판의 원리가 그대로 적용된다. 즉, 고비를 넘긴 주식이 힘을 얻는다는 논리다.

셀트리온

먼저 큰 흐름을 드러내기 직전의 〈셀트리온〉 차트를 보기 바란다. 10만원 이하에서 투자자들의 기대감을 유발하면서도 공매도 세력과의 대결에서 계속 밀려나던 주가가, 본격적으로 10만원을 돌파하면서 궁극적으로는 30만원대 후반까지 전개되었다. 시세분출이 있기 전 막판 밀고 당기는 과정에서 부챗살, 즉 3번째 추세

저항선을 돌파함과 동시에 거대한 분출이 시작되었다.

부챗살의 원리가 목표치를 말해주지는 않는다. 그러나 돌파 타이밍을 강력하게 암시함으로써 투자자의 진입 적기를 보여준다는 면에서 매우 중요하다고 볼수 있다. 특히 박스권으로 진행되는 흐름이 많은데 이런 종목들의 박스권 돌파과정을 부챗살의 원리를 적용해서 본다면 상당히 유의미한 결과를 얻을 수 있다. 따라서 박스권이 진행되는 종목은 섣부르게 매수 규모를 키우기보다는 부챗살타이밍에 강한 집중을 할 필요가 있다.

포스코켐텍

두 번째는 〈포스코켐텍〉이다. 이 경우에도 박스권 저항매물대를 뚫지 못하는

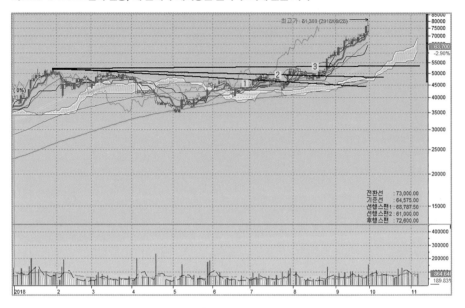

차트 13-5 **포스코켐텍 일봉, 세 번째 추세저항선 돌파 후 시세 분출 시작**

답답한 흐름이 지속되다가 3번째 추세저항이 나타나는 시점에 분출이 본격화되었다.

부챗살의 원리는 정중동 속, 즉 큰 파동이 없는 답답한 흐름 속에 숨어 있는 세력들의 의도를 알아볼 수 있다는 점에서 매력적이다. 오랜 기간 축적되어온 결과물이기에 신뢰도 또한 높다.

큐로컴

거친 느낌을 주는 〈큐로컴〉 같은 세력주 차트에서도 부챗살의 원리가 동일하게 작동하였음을 확인할 수 있다. 〈큐로컴〉은 개인들의 잦은 단타매매로 무거운 저항구간을 지나오면서 신용매물까지 출회되면서 힘겨운 횡보 흐름을 진행하다가

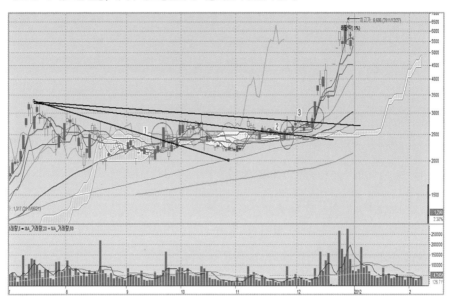

어느 순간 힘을 내기 시작하였다. 그 타이밍은 여타의 방법으로는 짚어내기가 어렵다. 결국 부챗살의 원리가 확률 높은 매수 타이밍을 제시하고 있는 셈이다.

변형된 삼각수렴과 눈속임 이후 분출

앞서 살펴본 바와 같이 시장에는 전형적인 패턴들이 존재한다. 이 책의 원리에서는 벗어나지만 헤드앤숄더, 깃발형 등 다소 변형된 삼각형과 박스권 흐름이 연출되기도 한다.

　또한 시장에는 언제나 변형된 흐름이 나타날 수 있으므로 이를 큰 틀에서 잘 이해하고 응용할 필요가 있다. 특히 눈속임과 흔들기가 등장하는 패턴은 조금 변형된 형태로 잘 활용하면 삼각수렴 돌파보다 훨씬 큰 분출을 수익으로 흡수할 수 있다.

특히 큰 시세를 위해 오랫동안 매집하는 활주로와 같은 구간을 지나 기대감을 가질 만한 시점에 눈속임으로 투매와 함께 마지막 눌림목을 형성한 후에 강하게 도약하는 경우 제대로 된 월척시세를 낸다는 점을 주목해야 한다.

다음 소개할, 활주로를 달린 후 오히려 일시 하강하면서 투자자들이 점프하며 내리도록 하는 형태의 주도주들을 통해 투자타이밍을 잡는 응용력을 길러야 할 것이다.

"난세에 영웅이 나온다"는 말이 있다. 주식시장도 그런 모습을 연출한다. 어느 정도 매집이 진행된 후 지수가 큰 조정에 빠지면 그때 동반해서 하락했다가 증시가 어느 정도 하방경직성 구간에 진입하면 난세의 영웅처럼 먼저 강한 도약을 보여주는 종목들이 있다.

휠라코리아

먼저 〈휠라코리아〉를 살펴보면 한국 지사에서 인수한 유럽의 휠라브랜드가 구조조정과 미국의 골프 관련 기업인 〈아쿠슈네트〉가 매출성장으로 도약하는 과정에서 실적우려 등으로 투매가 나오고 이를 구조조정과 신제품, 마케팅 성공으로 극복하며 대도약을 이루는 성공차트를 만들어 낸다.

우선 매집하면서 삼각수렴을 보이던 주가가 하락삼각형으로 귀결되며 급격한 하락파동을 겪는다. 이런 경우 하락의 목표치가 추정되는데 이는 앞선 삼각축의 고점과 저점의 높이만큼 하향돌파된 가격으로부터 추가로 하락하게 된다. 여기서 하락목표가격인 12,000원을 거의 정확하게 달성한다. 그러나 이는 단기적인

악재를 이용한 눈속임 흔들기였다. 삼각수렴으로 오랫동안 달려온 활주로의 에너지는 추세가 복원되는 시점으로부터 더욱 강력한 힘을 발휘한다.

이런 형태의 하락삼각형 매집흐름은 상향돌파의 강한 흐름이 나오기 전까지 관망하다가 하락돌파로 이어지면 지속적인 관심종목으로 살피면서 하락목표치가 언제 완성되는지 보는 것이 좋다. 그러나 하락목표치 달성 후에도 다소 추가 조정이 있을 수 있으므로 너무 일찍 덤비지 않고 점차 하락파동의 변동성이 완화되고 거래가 감소하는 흐름을 확인하고 저가매수에 나서는 신중함이 필요하다. 그래야 더욱 좋은 결과를 낼 수 있다. 이럴 경우 정확한 바닥권 매수가 가능해진다.

이처럼 삼각수렴 후 하향이탈하는 투매구간을 '단층지대'라고 부르고자 한다. 다시 회복되면 일시적인 추세의 단절이라는 점에서 이렇게 이름을 붙였다.

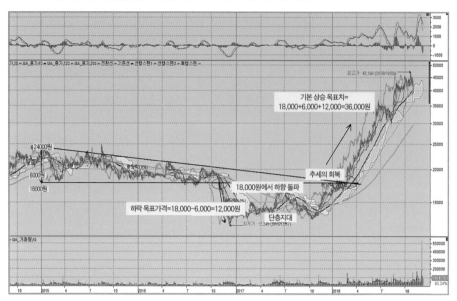

나중에 추세가 복원되는 타이밍에 거래증가를 수반하며 재차 돌파의 모양을 나타내면 이제는 상승의 기본목표치가 더욱 높아진다. 즉 돌파가격에 기존 삼각 형축의 높이와 투매가 진행된 하락가격도 추가로 더해서 랠리가 진행될 수 있다는 것이다. 그만큼 투매는 오히려 멀리뛰기 위한 도움닫기로 이해할 수 있겠다.

현대로템

또 다른 사례로 〈현대로템〉을 살펴보고자 한다.

〈현대로템〉의 경우 장기간의 매집 흔적인 삼각수렴 후 하락삼각형으로 전개되긴 했으나 하락의 목표치까지 돌파하지는 않았다. 그러나 반드시 하락추정 목표치를 찍어야 하는 것은 아닐뿐더러 하단에서 지지확인 후 반등하면 추세복원과 돌파 가격대에서 매수에 가담하는 것도 방법이다. 하향이탈 후 바닥에서 변동성이 축소되고, 거래감소 속에 반등이 나타나기 시작하면 분할매수해 나가도 된다. 대부분의 하락목표치 완성은 하향돌파 직후 나타나는 경향이 있기 때문에 삼각형 하향이탈 후 상당 기간이 지났는데도 추가하락하지 않으면 굳이 하향이탈 목표치를 생각하지 않아도 된다는 점을 강조한다.

〈현대로템〉도 추세복원과 함께 돌파흐름이 등장하자 이후부터는 빠른 속도로 기본상승목표치인 31,400원을 넘어서며 분출하였다. 이처럼 기본목표를 달성한 후에도 분출하는 경향이 있으므로 과도한 거래를 수반하는 고점까지 분할매도하는 전략도 수익극대화의 방법이 되겠다. 다만 재매수는 신중해야 한다.

차트 13-10 현대로템 일봉, 추세 복원 후 시세 분출

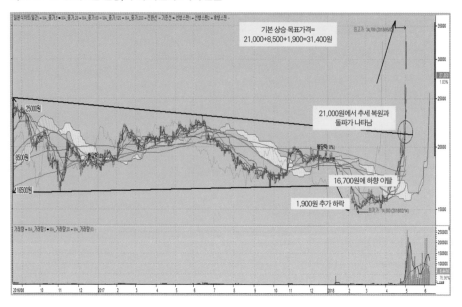

아난티

〈아난티〉의 경우에도 상당 기간 활주로를 닦고 달릴 준비를 하는 듯 삼각수렴의 모습을 보이다가 하락이탈하면서 단층지대가 나타난다. 이번에도 하락목표치는 완성되지 않았고 반전에 성공하며 추세를 복원하는 강력한 탄력을 보여준다.

추세복원과 돌파를 통해 기본적인 상승목표가격은 13,400원으로 추정되었다. 하지만 실제로는 12,700원까지밖에 진행하지 못하고 조정에 들어갔다. 이런 경우는 많지 않다. 하지만 이런 경우는 차후에 더 큰 파동이 있을 것임을 예고했다고 볼 수 있다.

차트 13-11 아난티 일봉, 삼각수렴 하락 이탈하며 단층지대 형성

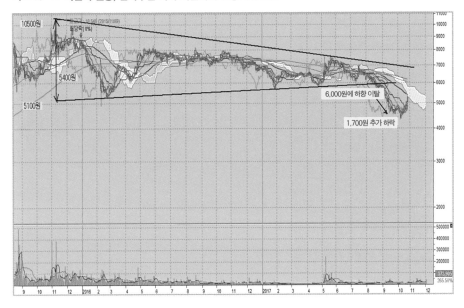

차트 13-12 아난티 일봉, 상승목표가격에 도달하지 못하고 조정 시작

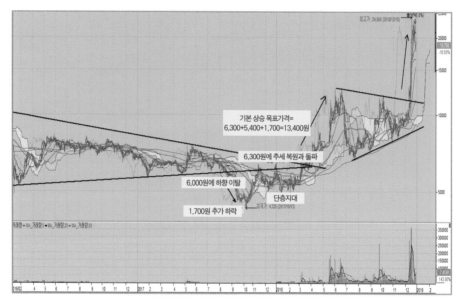

아난티는 상승목표치에 도달하지 못하고 밀려났지만 계속된 매집흐름을 통해 다시 한 번 도약을 준비하는 삼각수렴을 재차 진행하다가 매우 강력한 분출로 다시금 전개되었다.

현대엘리베이터

약간 변형된 형태로 〈현대엘리베이터〉도 삼각수렴 이탈 흐름이 나타났으나 빠르게 추세를 복원하며 돌파 후 기본상승 목표치를 완성하고도 추가상승세를 보여준다.

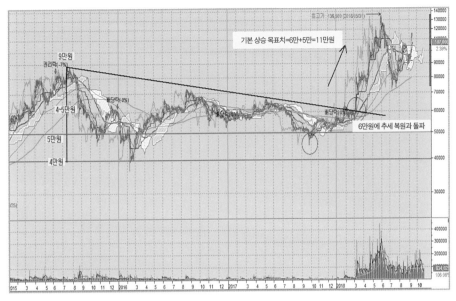

⚙ 2018년 12월~2019년 1월 기간 등장한 전략적 승부주 분출 릴레이

급등이 시작되는 시점은 큰 상승을 기대하기 어려운 상황, 준비되지 못한 시장의 투자심리 속에서 시작되는 경우가 많다. 반대로 대중의 기대감이 충만한 상태, 즉 개인들의 참여가 왕성하고 감성적으로 흥분한 상태에서 신용, 미수 등을 써가면서 과매수 시그널이 팽배한 상태에서는 수급이 무거워지면서 오히려 강한 분출이 등장하기 어렵다.

주도적인 종목들의 급격한 상승 출발은 가장 공포스러운 구간, 모두가 가진 물량을 내던지고 시장을 떠나 있는 구간, 즉, 바닥이 확인된 구간에서 돈을 공급하며 시장을 살리려는 정책적인 부양책과 맞물리며 시작되는 것이다. 위기가 도약의 기회로 작용하는 셈이다.

시장환경을 분석하고 업종, 섹터를 선정하는 과정들을 살펴보았다. 이제는 TOP DOWN을 통한 임팩트투자의 접근 과정과 결과를 간략히 복기해 보도록 하겠다.

14장

매수와 매도 타이밍

🎛 매수의 조건 vs. 매도의 조건

투자는 사고파는 두 개의 행위로 완성된다. 주식에서는 이를 매수와 매도라 부른다. 주식을 사서 매도까지 마무리를 해야 수익이 확정된다. 수익을 거두고자 한다면 무엇보다 이 두 개의 행위에 대한 결단이 핵심이다. 매수와 매도 타이밍 선정에 온갖 분석과 자료들이 총집중되는 것이다.

안타깝게도 인간은 매매 결단이 매우 어려운 감성을 지니고 있다. 특히 매수는 충동적으로 쉽게 진행되지만, 매도는 아쉬움 혹은 욕심으로 인해 번번히 타이밍을 실기하곤 한다.

매력적인 스토리를 가진 기업의 가치는 부풀려지기 마련이다. 이를 부추기는 목표가 제시까지 결합하면 투자자는 쉽게 흥분 상태에 빠진다. 이처럼 종목에 매료되어 버리면, 이익이 나도 손실이 나도 매도 결단을 내리기가 어려워진다.

매도에 관한 새로운 정의를 내려보자. 매도는 이별이 아닌 새로운 만남을 위한 준비다. 새로운 종목을 매수하기 위해서는 먼저 비워야 한다. 주식에서는 이별이 전제되지 않고는 만남도 불가능하다. 따라서 매도는 그 자체로 큰 의미를 가진다. 특히 평온하지 못한 시장상황일수록 다소간의 매매비용을 감안하더라도 자주 매도를 결행하면서 더 좋은 만남의 기회를 노려야 한다. 주식과의 이별을 어려워할 이유가 전혀 없으며, 언제라도 떠날 수 있다는 유연한 자세가 필수다.

반면 매도가 어려운 투자자는 십중팔구 손절을 실행하지 못하는 위험관리불가형일 확률이 높다. 이런 투자자의 계좌는 온갖 잡동사니와 골동품이 쌓여 있는 낡은 창고처럼 되고 만다.

👫 매수의 조건과 타이밍

매수하는 행위 자체는 단순하며 쉽게 일어날 수 있다. 하지만 이 단순한 작업을 실행하려면 그 전에 종목을 선정하기 위한 여러 가지 과정이 선행되어야 한다. 투자에는 가장 일반적인 종목투자도 있고 최근에는 지수를 매매하는 인덱스 매매나 기타 ETF 매매, 파생을 결합한 상품들도 다수 등장해 있다. 이들 상품들을 활용해 시장여건에 맞는 다양한 포트폴리오 구성이 시도된다.

그러나 시장에는 언제나 훈풍만 부는 것은 아니다. 하락국면에서는 어떤 업종, 종목 혹은 ETF를 매수하더라도 수익을 내기가 여간 어려운 게 아니다. 반대로 어떤 시기에는 별로 좋은 선택이 아니었음에도 강력한 대세의 힘으로 인해 수익을 거두는 어부지리도 존재한다.

무슨 뜻인가? 결국 '때를 잘 선택해야 한다'는 의미다.

좋은 때를 선택하기 위한 시장환경 분석은 이 책의 앞부분에 설명하였다. 여기서는 매수를 위해 우리가 해야 할 기본적인 고민을 압축하여 체크리스트로 제안한다.

업종, 섹테의 선정과 주도주 발굴
Top-down 시장환경에 적합한 선택
큰 자금흐름, 거시지표와 모멘텀, 실적 고려
주도주는 홀로 오지 않는다
창의적으로 생각하고 전략적으로 승부하라
객관적 시각으로 역지사지, 검증하는 습관

종목을 매수한 후 대세상승이라는 시장의 강력한 지지를 받기 위해서는 시장환경에 맞는 업종과 섹터를 선정해야 한다. 즉 순풍을 달고 이익을 늘려가는 주식을 골라내는 지혜가 필요하다. 대체로 한 명의 투자자가 가질 수 있는 통찰력과 정보망, 네트워크에는 한계가 있기 때문에 큰 자금을 운용하는 큰손들의 자금흐름이나 투자방향을 최대한 먼저 파악하고 그 흐름에서 나름대로의 통찰력을 공감하고 투자할 수 있다면 좋은 성과를 낼 수 있다.

이처럼 스마트한 판단력으로 큰 자금을 굴리는 기관, 외국인과 공감, 공유하면서 호흡을 함께 할 수 있다면 대세를 타고 갈 수 있다. 그러나 결코 말처럼 쉬운 일은 아니다. 기관과 외국인도 무수한 주체들이 존재하고 매매도 다양하게 전개되기 때문이다.

일반적으로 개인투자자는 큰손들이 강하게 드라이브를 거는 주도주를 뒤늦게 파악하게 된다. 투자의 올바른 방향이 무엇이었는지 주가가 차트를 그리며 지나봐야 아는 것이다. 따라서 때를 한번 놓쳐버리면 주도주 흐름에 편승하기가 어려워진다. 결국 투자의 성패는 진입시기와 평균매입단가가 얼마나 좋은 가격과 적기에 이루어졌는가로 결정된다.

큰손의 선택이 좋았는지 나빴는지 초기에는 판별하기 어렵다. 기관과 외국인도 성공하는 투자와 실패하는 투자 사례가 무수히 많기 때문에 맹목적으로 따라하는 것은 금물이다. 이런 경우 주도주로 부각되고 있는 흐름에 주목하는 습관을 가질 필요가 있다.

주도주는 홀로 오지 않는다. 동일한 업종과 섹터, 테마의 흐름을 형성하곤 하는데 이런 흐름은 큰 자금의 유입 없이는 불가능하다는 점을 염두에 두고 주도주로 부각되기 시작하는 초기에 최대한 낮은 주가로 진입하려는 집중력이 필요하다.

대세장에는 반드시 주도업종과 섹터가 등장하고 이를 이끄는 주도세력이 형성된다. 시장에서의 성패는 강력한 흐름으로 전개되기 전에 주도주를 누가 먼저 선점하느냐에 의해 크게 좌우된다. 물론 주도주가 반드시 옳은 것은 아닐 수 있다. 방향이 옳지 못하여 다시 흔들리고 추락하는 경우도 있다. 그러나 과거 무수한 주도주 흐름에서 실패할 확률보다 성공확률이 높다는 사실을 사후적으로 발견할 수 있으며, 매수타이밍을 다소 잘못 잡더라도 강한 주도주의 힘이 이를 모두 극복할 수 있게 해준다는 사실도 입증되었다.

🍴 매도의 조건과 타이밍

매도는 기본적으로 매수의 원인인 '투자목적이 달성되었는가?'에 따라 결정된다. 혹은 투자대상 기업의 주가가 예상과 전혀 다른 흐름을 보이거나, 투자할 당시의 기본여건에 큰 변화가 발생했을 경우다.

매수 종목의 투자목적, 즉 목표가격이나 목표 밸류까지 도달했는가에 대한 판단은 어려운 일이 아니다. 문제는 목표가에 도달했음에도 불구하고 더 욕심을 내다가 결국 실기하는 경우다.

기관이나 외국인은 매수규모가 커서 목표가에 도달한 주식을 매도하는 것이 용이하지 않다. 그러나 개인투자는 경비정처럼 빠른 속도로 방향을 바꾸고 매매결단을 내릴 수 있다. 항공모함처럼 몸집이 커서 신속한 매매진행이 어려운 기관, 외국인보다 유리한 점이다.

최초 설정한 목표가격이 있다 하더라도 거기에 너무 얽매일 필요는 없다. 기업은 시장환경에 따라 매출과 이익이 증가하거나 감소하는 등 변화가 발생하고, 때로는 예상과 다르게 전개되기도 하기 때문에 매도타이밍을 너무 기계적으로 결정할 필요는 없다.

개인들이 기업의 미래실적이나 밸류를 합리적으로 추정하기는 어려운 점이 많다. 그래서 차트와 같은 기술적 분석에 의존하게 된다(이 책의 후반부에 기업의 가치와 이익증가, 주가의 상승목표치를 추정하는 방법들을 간략히 다룰 예정이므로 참고하기 바란다).

여기서는 주로 기술적 분석으로 매도타이밍 잡는 법, 매도하지 않고 추세를 최대한 흡수하는 추세추종적 매매에서 매도타이밍이 도래했을 때 어떻게 할 것인가를 다루고자 한다.

앞서 10루타 종목으로 소개한 〈미래컴퍼니〉와 〈삼화콘덴서〉 차트를 통해 어떻게 하면 최대한 매수상태를 유지하여 10루타까지 수익을 모두 흡수할 수 있을지 살펴보자.

주가가 추세를 유지하고 있다면 굳이 매도할 이유가 없다. 단기로 보면 일봉상의 변동성은 주가이격이 확대될 때마다 차익매물이나 지수의 조정으로 인한 흔들림에 하락조정을 거치게 된다. 그러나 대세를 크게 달리는 주식들은 단기추세의 변동에도 중기적인 지지라인을 훼손하지 않고 달려간다는 점에서 중요한 시사점을 준다.

🎣 10루타 수익 올리는 법_삼화콘덴서의 예

〈삼화콘덴서〉의 경우 회원들에게 2017년 1월 6일 추천한 후 실질적인 집중승부
기간은 3월부터였다. 최초 1만원대 초반에 잘 매수했다면 이후 두 개의 중요한
추세선을 관찰할 필요가 있다. 하나는 20주 이동평균선의 지지여부, 또 하나는
일목균형표의 주봉상 전환선의 흐름이다.

〈삼화콘덴서〉는 장기간 랠리를 펼치며 10배에 도달할 때까지 20주 이동평균
선을 한 번도 이탈하지 않았다. 이는 달리 이야기하면 이탈하지 않았을 경우 굳
이 서둘러 매도할 이유가 없다는 뜻이다. 물론 20주선 이탈을 확인 후 매도하면
최고점 대비 다소 손해를 볼 수 있지만, 미리 매도하고 상승하는 주가를 바라만
보는 것에 비하면 최고점을 확인한 후 매도하는 것이므로 충분히 긍정적이라고

차트 14-1 삼화콘덴서 주봉, 20주선을 깨지 않고 지속 상승

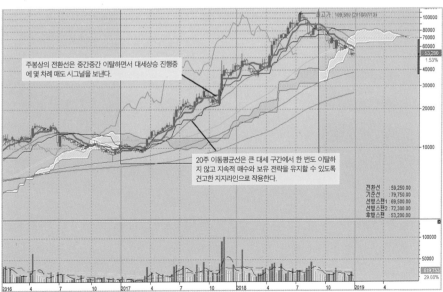

볼 수 있다. 이는 주가가 어느 선에서 꺾일지 알 수 없기 때문에 시세의 끝까지 달려보자는 것이다. 그래야 10루타 종목을 경험할 수 있다.

또 하나의 추세선으로 주목할 것은 일목균형표의 주봉상 전환선인데 이 추세 선은 가끔 중기적으로 이탈하지만 전환선 자체의 기울기가 우상향하고 있는 한 잠시 이탈하더라도 다시 회복되어 상승세를 이어간다는 점을 기억하자. 그러나 전환선의 기울기가 하락전환하고 20주 이동평균선까지 이탈하는 경우에는 매도 를 결단해야 한다.

이는 장기투자자들에게 매우 유효한 추세흡수 방법이다. 주봉상 전환선을 이 탈해도 전환선의 기울기가 꺾이지 않고, 20주 이동평균선 지지를 유지하고 있다 면 좀 더 긴 호흡과 여유를 가지고 기다리는 전략이 장기투자자에게 10루타를 안 겨준다.

⚔️ 10루타 수익 올리는 법 _ 미래컴퍼니의 예

또 하나의 10루타 종목인 〈미래컴퍼니〉를 살펴보자. 이 종목은 중간에 가파른 분출이 일어나면서 대량의 차익실현 매물이 쏟아졌고, 변동성도 높아졌다. 이 시기를 거치며 투매가 일어나 주봉상 전환선을 두 번 이탈했고 20주 이평선도 한 차례 이탈하였다. 앞의 〈삼화콘덴서〉와는 다른 모습인데, 어떻게 대처해야 할까?

주가가 이탈하는 모습을 보이면, 일단 매도했다가 전환선과 20주 이동평균 선이 회복되면 다시 매수하면 된다. 추세선과 이평선을 이탈했다고 하여 이 종 목을 관심종목에서 제외할 필요는 없다. 추세가 회복되면 다시 투자해야 하므

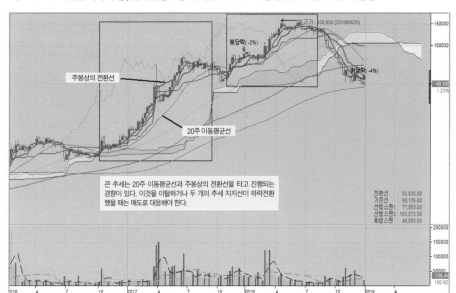

차트 14-2 미래컴퍼니 주봉, 일목균형표상 추세선과 20주 이동평균선 이탈 흐름 속 상승

로 매도를 했더라도 지속적으로 관심을 가져야 한다. 그래야 10루타를 맛볼 수 있다.

단기매매자들이라면 좀 더 짧은 기간에 해당하는 이동평균선과 전환선을 설정하여 자신의 매매주기와 호흡에 맞는 추세선을 설정하면 된다. 단 개인적으로 맞는 추세선을 설정했다 하더라도 이탈 시 매도, 회복 시 매수하는 전략은 지켜야한다.

기술적 분석을 통해 매매를 진행하고자 하는 투자자는 자신만의 투자주기와 스타일에 맞는 차트의 매매타이밍을 알리는 알고리즘(차트상의 매매조건) 설정이 필수다. 짧은 매매를 선호할수록 이런 규칙과 알고리즘을 잘 설정하되 중간중간 매매 성과에 따라 이를 조정하는 알고리즘 수정보완 작업도 빼놓으면 안 된다.

글로벌 증시 환경은 갈수록 추세와 관련된 알고리즘 매매가 증가하고 있다. 다양한 인공지능 버전으로 출시되어 프로그래밍에 따라 한꺼번에 매수와 매도를 진행함으로써 지수 관련 인덱스가 개별종목들처럼 급변동하는 경우도 목격한다. 이는 각각의 프로그램이 매매타이밍 설정이 비슷하여 알고리즘이 집중된 결과다. 획일화된 매수, 매도타이밍이 병목현상을 일으키면서 한 번 설정한 방향으로 지속적인 흐름이 이어진다.

인간의 개입 없이 스스로 알고리즘을 조정할 만한 창의적 인공지능이 출현하면 모르겠으나 주식시장처럼 창의력과 창의력이 시시각각으로 충돌하는 감성적인 주가가 인공지능에 의해 쉽게 수익으로 정복되기는 어려워 보인다. 막대한 자본을 가진 월가에서도 무수한 시도가 있었지만, 아직은 절대적인 수익창출 프로그램이나 기술을 선보이지 못하고 있다.

왜 그럴까? 기계가 인간의 감수성과 창의력을 그대로 반영할 수 없다는 한계도 있지만, 또 하나는 기업이라는 투자대상이 인간에 의해 경영되고 그 내부 실적변화나 사업환경 변화를 인간이 먼저 감지하기 때문이다. 기계는 인간이 입력한 데이터에 의존할 뿐이다. 따라서 기계의 대응은 사실 사후적인 면에 지나지 않는다. 아직까지는 말이다.

❦ 단기매매에서 매매타이밍 잡는 법

단기매매란 짧게는 하루, 혹은 2박3일일 수도 있지만, 대략 3개월 이내로 규정하고자 한다. 월봉상 강세종목은 적삼병(주가 상승을 뜻하는 붉은 색 양봉이 3개 연속 나타나는 현상)을 만들면 이후 쉬어가는 경향이 있기 때문에 3개월 주기로 매매를 진행하는 투자자를 위한 매수와 매도타이밍 잡는 법을 몇 가지 소개하고자 한다.

먼저 가격을 나타내는 일봉차트와 보조지표 중에서 MACD 그리고 거래량 지표를 동시에 살피면서 매수와 매도를 결정하는 전형적인 고점매도, 저점매수의 사례를 종목차트를 통해 살펴보고자 한다.

개인투자자들을 보며 항상 아쉬운 점은 고점매도에 약하고 저점매수도 두려워한다는 사실이다. 이미 반전율을 통해 매수타이밍, 매도타이밍 잡는 법을 알아보자. 다시 간략히 요약하면 먼저 일봉을 놓고 추세선을 긋고, 반전율로 살피고 이동평균선과의 위치, 지지와 저항을 체크한다. 여기에 보조지표와 거래량까지 따지면 충분히 꼼꼼하게 분석이 된 것으로 본다.

문제는 이제부터다. 항해에 필요한 기본물품은 모두 챙겼다. 하지만 정작 출항을 망설이는 경우다. 내가 제시한 간단하면서도 강력한 차트분석으로 확신이 생겼다면 투자의 내공은 상당히 올라온 것이다. 그럼에도 불구하고 대부분은 망설이기만 하다가 타이밍을 실기한다.

철저히 분석 후 내린 결론이 있는데도 투자자가 망설이는 이유는 경험적 확신이 부족하기 때문이다. 따라서 스스로 실전매매를 통해 무수한 임상결과를 경험치로 쌓아가야 한다. 내가 이 책에서 제시한 포인트를 꼼꼼히 참고하면서 매매를 진행하면 비록 오류는 다소 발생하겠지만, 수업료를 최소화하며 자기 것으로 만들 수 있으리라 확신한다.

이제 단기매매를 중심으로 실전에 활용하는 법을 더 자세히 살펴보자.

단기매매 포인트 1

남북경협 관련으로 강한 랠리를 펼친 〈현대건설〉을 통해 실전 사례를 적용시켜 보자.

〈현대건설〉은 단기간에 상승 5파를 진행한 후 추가적인 분출파동이 일어나면서 신고가를 형성하였다. 이후 MACD의 하락다이버전스가 출현한다. 주가는 직전고점보다 높은 봉을 형성하지만 MACD는 이전보다 낮아지면서 모멘텀 둔화를 예고한 것이다.

단기매매에 있어 이런 시그널은 상당히 유의한 것이다. 파동상으로도 2~3개월 강세가 급격하게 진행된 5파동은 경계감을 가지고 접근해야 한다. 추가로 분출하였으나 마지막 남은 매수세의 힘을 쥐어짠 양봉일 가능성이 크다.

이를 확인하는 과정은 다음과 같다. ①분출한 신고가 양봉의 거래량이 평소 거래량에 비해 과도하고 ②MACD의 하향시그널과 함께 ③ 분출한 일봉의 절반에 해당하는 주가가 음봉 등으로 훼손되면 고점 징후다. 이때는 실제 고점으로 결론 나는 경우가 많다. 제시한 고점이 확인되면 과감히 매도할 필요가 있다.

차트 14-3 현대건설 일봉, 고점 징후

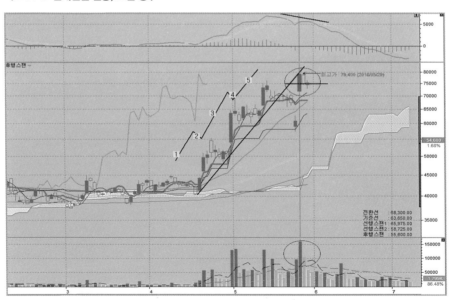

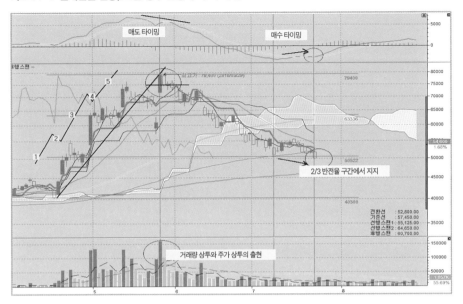

고점 징후가 나타난 〈현대건설〉은 위 차트에서 보듯 일봉의 절반 가격대를 훼손했다. 이는 신고가를 이루어낸 일봉의 세력이 매도세에 의해 쉽게 와해되고 있음을 보여주는 것으로 세력의 이탈 가능성을 강하게 시사한다.

고점 징후 발생 후 주가가 추세를 한번 이탈하면 주가상승폭의 1/3 반전, 1/2 반전, 2/3 반전 가격대에서 지지 가능성을 타진한다. 과도하게 진행된 랠리는 최악의 경우 상승폭의 2/3까지도 조정을 진행한다. 만약 2/3의 반전구간마저도 이탈한다면 다시 바닥까지 추락할 수도 있다. 다시 말해 추세가 살아 있는 주식은 2/3 반전구간을 이탈하지 않는다는 의미다.

〈현대건설〉은 2/3반전 구간까지 급속하게 밀려난 후 다시 MACD의 상향다이버전스, 즉 주가는 더 낮은 위치로 내려앉았으나 MACD 지표는 더 높은 곳으로 상승전환함으로써 바닥시그널을 드러낸다. 단기매매에 있어 이러한 MACD의

차트 14-5 현대건설 일봉, 2/3 반전 구간에서 MACD 상향다이버전스와 함께 반등 신호 발생

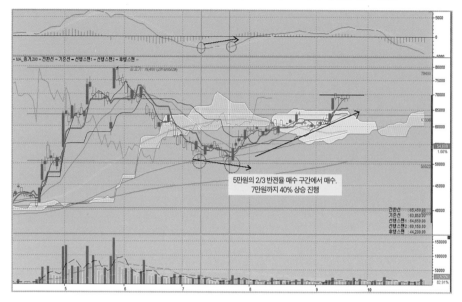

상향다이버전스와 거래량 감소는 매수의 시기가 도래했을 가능성을 강하게 암시한다.

〈현대건설〉은 이처럼 매도와 매수타이밍이 명확하게 드러나는 좋은 사례다.

보조지표인 RSI로 상대강도를 살피기도 하지만 여러 가지를 활용하기 어려운 경우 MACD만 잘 활용해도 좋은 매매판단을 내릴 수 있다.

한번 시세를 크게 낸 종목은 반등하더라도 단기간에 직전 고점을 빠르게 회복하지 못하는 경향이 있다. 이런 중기적 흐름을 확인하기 위해서는 앞서 언급한 중장기 매매자들이 살펴야 할 주봉상의 전환선과 20주 이동평균선을 참고하여 매매에 임해야 한다.

단기매매 포인트 2

이번에는 IT소재기업인 〈코스모신소재〉를 살펴보도록 하겠다. 〈현대건설〉과 유사하게 상승 5파를 진행한 후 신고가를 형성하는 양봉이 대량거래를 수반하여 나타나지만 일봉상 MACD는 매도시그널인 하향다이버전스가 출현한다. 거래량도 유의할 수준으로 증가하여 돌파한 신고가 일봉이 절반이 될지 집중해서 살펴야 할 타이밍이 된 것이다.

이후 〈코스모신소재〉는 상승폭의 1/3반전을 지나 1/2반전 주가 수준에서 MACD의 상승다이버전스가 출현하였다. 이 경우에도 고점 확인 후 조정폭이 상당히 진행되는 등 고점매도의 중요성을 다시 한 번 실감할 수 있다. 이처럼 단기매매에서도 고점매도의 결단은 수익에 큰 차이를 발생시킨다. 고점을 확인하는

차트 14-6 코스모신소재 일봉, 고점 징후 발생

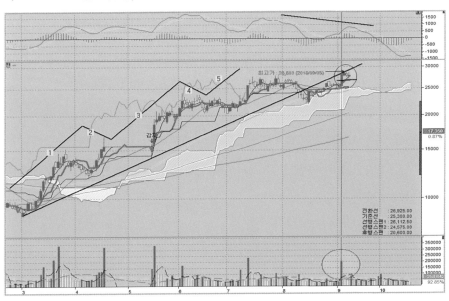

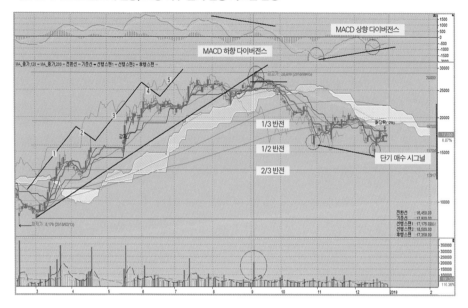

과정은 〈현대건설〉과 유사하다.

이를 간추려 포인트를 정리해보면 2~3개월간 상승파동이 진행된 후 신고가 일봉이 출현하면 단순히 흥분하거나 좋아할 것이 아니라 오히려 긴장해야 한다는 점이다. 또 발생한 신고가 일봉을 중심으로 보조지표와 거래량을 살펴 고점 가능성을 면밀하게 짚어야 한다.

전형적으로 MACD 하향다이버전스와 거래량분출이 동반되고 있다면 투자자는 이후 신고가 일봉의 절반 수준 가격이 이탈하여 종가로 훼손되는 시점에 매도를 시작해야 한다.

또한 이후 충분히 기다리면서 기술적 반등을 노릴 수 있는데, 매수포인트는 거래량바닥, 반전율, MACD의 상향다이버전스다. 물론 큰 시세를 낸 종목이 단기간에 기술적 반등 이상의 의미 있는 강세를 보여주지는 않으므로 너무 큰 욕심을 내지 말고 단기반등 탄력을 흡수한다는 차원에서 가볍게 접근해야 한다.

단기매매 포인트 3

테마주는 앞서 살펴본 〈현대건설〉이나 〈코스모신소재〉와 다른 그림으로 진행될
수 있다. 〈대신정보통신〉은 성장성과 실적을 내포한 종목랠리였지만, 테마주로
분류되어 거침 없는 랠리를 펼쳤고, 고점에서 전형적인 대량거래와 함께 세력 이
탈 조짐이 확인되었다.

　단순한 테마주는 상승 5파의 정점에서 대량매물 출회로 고점 징후를 보인다.
고점이 매우 빠르게 지나갈 수 있기 때문에 과감하고 빠른 결단이 이뤄지지 않으
면 순식간에 상승폭을 잠식당할 수 있다.

차트 14-8 대신정보통신 일봉, 대량거래와 함께 고점이 순식간에 지나간다

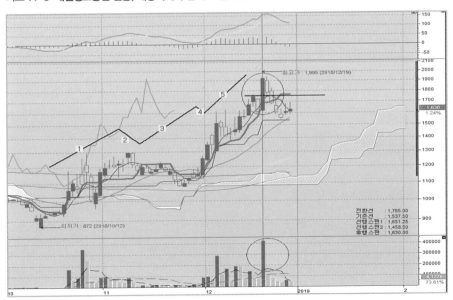

🎏 고점과 저점의 일봉패턴 사례

주가흐름이 전형적인 형태로만 진행된다면, 매매패턴을 한번 익히고 난 다음부터는 매매가 한결 쉬워질 것이다. 그러나 실제 시장에서는 전형적인 경우보다 변형된 형태가 더 자주 등장한다. 투자자는 혼란스러울 수밖에 없다. 파동도 정확하게 상승 5파를 그리는 경우보다 박스권 돌파나 이탈 혹은 짧은 파동으로 고점을 찍는 경우, 눈속임으로 흔들어 추세를 다시 살리는 경우 등 다양한 추세를 목격할 수 있다.

이런 경우에 나타나는 몇 가지 패턴을 소개하고자 한다.

변형된 고점 일봉 패턴 _ 교수형

교수형은 마치 고점에서 형성된 봉의 모습이 교수대 같은 모습이라고 하여 이름 붙여진 패턴이다. 고점에서 여러 차례 반등을 시도하지만 매물이 출회되면서 일정한 고점을 돌파하지 못하고 고점이 점차 낮아지는 아랫꼬리 차트의 일봉이 2~3일째 이어진다. 결국 힘이 약화되어 급속하게 조정으로 진행된다.

변형된 고점 일봉 패턴 _ 까마귀형

까마귀형은 신고가 양봉 출현 이후 추가상승 시도에 거래량이 감소하면서 음봉이 지속적으로 출현하여 매도세가 점진적으로 매수세를 압도해 가는 패턴이다. 교수형이나 까마귀형은 신고가 양봉 이후 고점이 낮아지고 거래량도 줄어든다는 공통점이 있다.

차트 14-9 교수형의 예

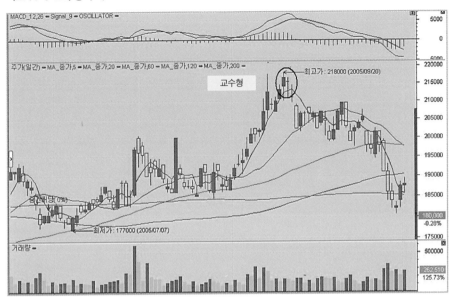

차트 14-10 까마귀형의 예

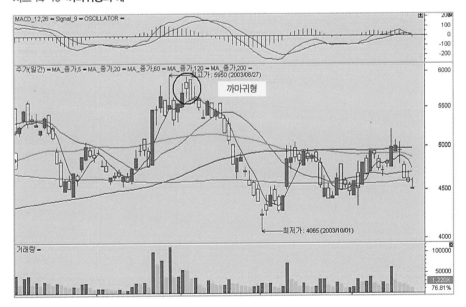

변형된 고점 일봉 패턴 _ 유성형

고점에서 나타나는 또 하나의 패턴으로 유성형이 있다. 신고가 시도단계에서 매물 출회로 윗꼬리가 달린 음봉이나 양봉이 출현하는데 전형적으로 상당 기간 파동이 진행된 후 나타난다는 점에서 매우 강한 고점확인 패턴으로 볼 수 있다. 자주 등장하지는 않으나 MACD의 하향다이버전스 출현 등으로 명확한 시그널을 보낸다.

차트 14-11 유성형의 예

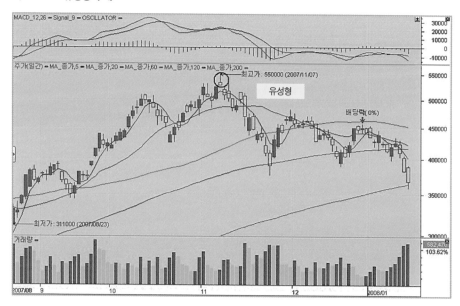

변형된 저점 일봉 패턴_망치형

이번에는 저점을 알리는 일봉패턴을 간단하게 살펴보고자 한다.

먼저 전형적으로 저점을 알리는 패턴은 망치형이다. 고점패턴인 유성형과 반대되는 형태로 마지막 투매 이후 저가매수로 긴 아랫꼬리를 달고 일봉이 형성된 이후 저점을 하회하지 않고 점차 우상향하는 흐름을 보인다.

차트 14-12 망치형의 예

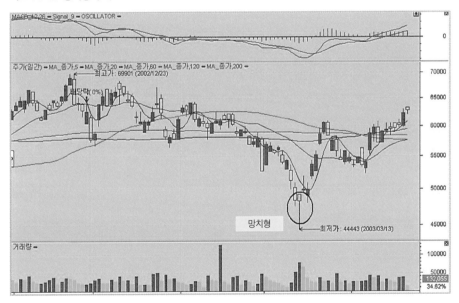

변형된 저점 일봉 패턴 _ 상승샅바형

또 다른 저점패턴으로는 상승샅바형을 들 수 있다. 마치 씨름선수가 상대 선수를 들어올리는 듯한 형태로 양봉이 출현하면서 저점에서 강하게 지지하려는 세력의 유입을 암시한다.

차트 14-13 상승샅바형의 예

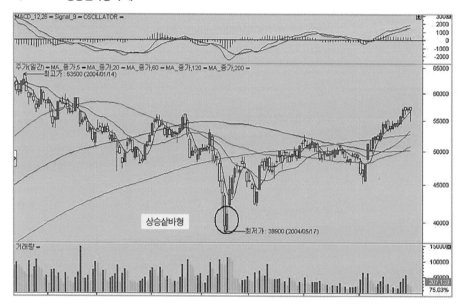

15장

기업주가의 평가,
상향 vs. 하향

주식투자를 하다 보면 기업(종목)에 대한 신용평가나 목표가 상향, 하향 등 무수한 리포트와 견해를 마주하게 된다. 상당수 리포트는 기업이익을 예측하는 통찰력이라기보다는 후행적으로 나타난 기업이익, 주가흐름을 설명하는 내용들로 설명 이상의 의미를 주지 않는다. 그러나 때로는 크게 주목받으면서 주가에 큰 영향을 미치고, 강력한 전환점으로 작용하기도 한다.

기관이나 외국인, 큰손들을 움직이는 리포트의 특징은 다음과 같다.

① 그동안 시장에 알려진 것보다 더 강한 임팩트 있는 분석이 등장했을 경우
② 특히 낙관에서 비관으로의 전환, 비관에서 낙관으로의 전환을 설득력 있게 제시하는 경우
③ 이 경우 숏커버링(주식시장에서 빌려서 팔았던 주식을 되갚기 위해 다시 사는 환매수)이나 손절매도를 동반하여 흐름을 바꿔놓는다.

주가 전망은 세 가지로 나눌 수 있다. 현재보다 높거나 낮거나 현상유지다. 기업의 주가라는 것이 어떻게 구성되는지, 그 기본 원리를 정의하면서 목표가 상향과 하향의 원리를 이해하면, 투자자는 실적 전망에 따라 향후 주가의 전개 방향을

스스로 예측할 수 있다. 뿐만 아니라 ROE(자기자본이익율) 등을 반영하여 향후 목표주가도 설정해 봄으로써 예상수익률까지 추정할 수 있다.

📺 주가의 구성요소

주가는 개략적으로 분해하면 기업이 한 해 동안 벌어들이는 주당순이익과 그에 대해 부여하는 PER(주가/주당이익) 배수의 곱으로 표현할 수 있다.

주가 = PER × EPS

여기서 주당순이익(EPS)은 한 해마다 발생하는 순이익과 해당기업의 발행주식수로 결정된다. 간단히 말해 순이익을 발행주식수로 나눈 값이다. EPS는 주가의 상승하락에 기업의 이익이 중요함을 보여주는 지표다. 물론 이익발생이 크지 않은 성장 초기 기업의 경우 주당 매출액 성장 등을 살피기도 하지만 역시 EPS를 중심으로 성장을 체크해야 한다.

그러나 주가에 좀 더 큰 영향을 미치는 요소는 PER이다. '주당순이익의 몇 배로 주가를 형성해 줄 것인가?' 혹은 '한 해 기업의 순이익의 몇 배로 시가총액을 평가할 것인가?'의 문제다.

PER 배수와 EPS 증감이 중요
● 주가 = PER × EPS ⋯ EPS보다 PER 배수가 더 중요하다

한 해 순이익 100억원을 기록한 기업이 PER배수가 10배라면 시가총액은 1000억원으로 평가받겠지만, 만약 성장성을 인정받아 PER배수가 15배로 높아진다면 동일한 순이익 규모로도 시가총액은 50% 상향조정된 1500억원까지 상승할 수 있다. 이것이 PER의 마법이다. 거꾸로 PER이 5배로 하향될 경우 동일한 순이익에도 불구하고 시가총액은 500억원으로 줄어들고 주가는 50% 하락할 수 있는 것이다.

한 기업의 PER은 지속적으로 변하지만 결정되는 논리는 결국 성장성과 안정성이다. 특히 성장하는 기업의 경우 매출, 이익의 성장이 강하게 예견되거나 진입장벽이 높고 희소성이 강할 경우, 전방산업의 큰 사이클 도래가 가시화되는 경우, 상대적으로 이익, 매출의 등락변동성이 작고 ROE가 높은 경우에 높은 PER배수를 형성하게 된다.

그림처럼 이익을 지속적이고 안정적으로 창출하는 기업은 점차 이익잉여금 등의 자본산입으로 자본이 축적되고 이익창출력, 즉 자기자본이익률만큼 자본의 복리적 이익증가가 나타난다. 마치 저축을 하다 보면 예금이자가 매년 복리로 붙

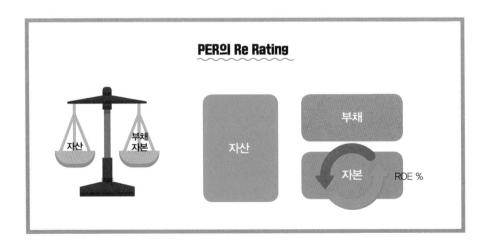

어 금융소득이 증가하거나 이익증가가 나타나는 현상이다. 즉 자본의 복리효과가 안정적 이익창출과 맞물려 주가상승의 복리마법으로 연결될 경우 PER은 점차 높아질 수밖에 없다.

이러기 위해서는 사업을 통한 이익의 변동성이 적자로 전환되어 자본이 감소하는 불규칙한 흐름이 나타나지 않아야 한다. 따라서 경기에 민감한 섹터의 주식들, 즉 철강, 화학, 조선, 건설이나 IT기업들은 아무리 순이익이 늘고 PER배수가 낮아도 어느 해에는 급격한 이익감소로 적자가 발행하기도 해서 안정적 ROE의 복리효과를 누릴 수 없고 PER은 구조적으로 낮게 형성되는 것이다.

PER이 높은 고PER은 향후 고성장 기대감이 있는 중소성장주에도 나타나지만 지속적으로 이익이 나는 안정적 사업을 영위하는 섹터에서 전방산업의 호조로 매출증가의 연속성을 어느 정도 확신할 수 있을 때 등장한다.

즉 PER의 상향이나 하향은 시장의 주요한 예상이 성장으로 확신하느냐, 점차 성장이 둔화될 것으로 보느냐에 따라 결정된다. 즉 분기별, 혹은 사업년도별 실적 흐름과 향후 추정되는 실적전망의 강약 컨센서스가 반영된 결과로 볼 수 있다.

PER은 해당기업의 실적이 시장의 기대치, 컨센서스를 충족하고 혹은 더 강한 성장을 보일 경우 높은 PER은 그대로 인정받고 추가로 더 높게 형성될 수도 있는 발판이 된다.

여기서 PER은 단순히 어느 한 시장, 어느 한 시점의 일부 투자자의 시각이 아니라 객관적 기준을 가지고 합리적인 수준으로 수렴하고자 다양한 비교지표를 활용해 접근한다.

PER이 높은 주식은 실적이 예상에 미치지 못할 때 충격도 크게 나타난다. 대표적인 고PER섹터인 화장품의 경우 중국의 화장품 시장에서의 한류 확산으로 큰 기대감을 표출하며 한동안 높은 PER을 충족하며 승승장구했지만, 사드문제로 매출이 둔화하고 실적이 악화되면서 EPS 감소와 함께 PER배수도 크게 꺾여 주가의 두 가지 구성요소인 이익감소와 PER 충격을 동반한 급락을 경험한 바 있다.

화장품업종의 대표적 중국 수혜주였던 〈아모레퍼시픽〉의 PER배수 추이를 아래에서 확인할 수 있다.

〈아모레퍼시픽〉 PER배수는 해마다 변화하고 있음을 볼 수 있다. PER 적용배수 밴드와 〈아모레퍼시픽〉 주가차트의 변곡과 추이가 대체로 일치함을 볼 수 있다. 이는 고PER주들의 주가흐름이 EPS도 중요하지만 EPS의 변화율과 미래 EPS 전망에 더욱 크게 반응하여 PER배수 조정이 주가에 더 결정적 영향을 주고 있음을 보여준다.

또 하나의 고PER 섹터로 전기차 등 친환경자동차 부품소재주들의 사례를 살펴보기로 한다. 대표적인 전기차배터리 소재 기업인 〈일진머티리얼즈〉는 전기차

차트 15-1 아모레퍼시픽의 연도별 PER배수

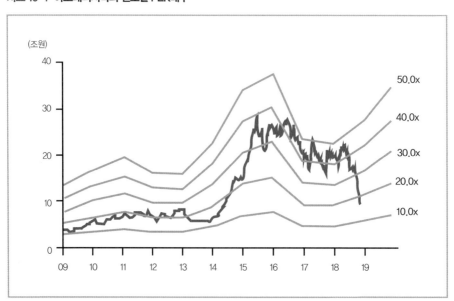

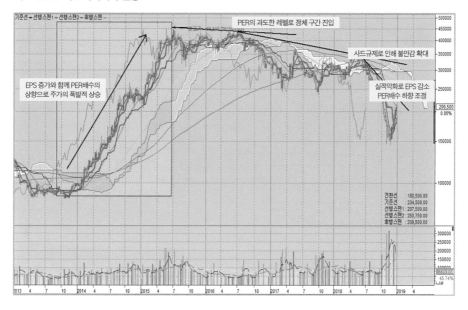

시대의 도래를 기대하면서 국내뿐 아니라 중국 등 글로벌시장의 배터리 일렉포일 핵심기업으로 EPS 증가와 PER의 가파른 상향이 이루어진다.

다음 페이지의 차트는 〈일진머티리얼즈〉의 PER배수를 연도별로 살펴본 것이다. 40배까지 올라갔던 PER배수와 기대치는 사드규제로 인해 중국 전기차시장에서 성장기대감이 약화되고, 배터리 소재 가격의 하락, 핵심사업 중 하나인 반도체 일렉포일의 반도체업황 둔화우려 등이 점차 반영되고, 특히 두산 등 대기업의 일렉포일 사업 진입가시화 우려가 증폭되어 PER배수가 25배 수준까지 추락한다. PER배수가 40배에서 25배로 하락하면 EPS가 동일하더라도 주가는 37%나 하락할 수 있다. 그러나 EPS는 증가하여 주가낙폭이 그 정도까지는 나타나지 않았다. 성장주들의 고PER은 그만큼 성장추세의 유지 여부가 중요하다.

차트 15-3 일진머티리얼즈의 연도별 PER배수

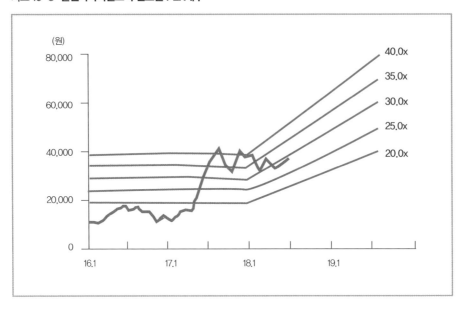

차트 15-4 일진머티리얼즈 일봉

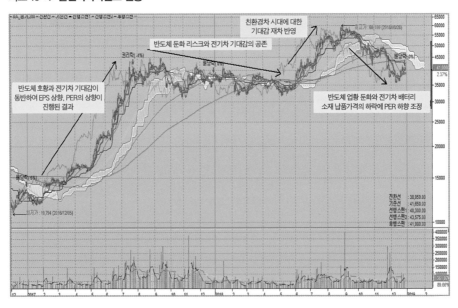

PER의 오르고 내림에 긴장하여 투자해야 한다는 점은 백 번 강조해도 지나침이 없다. 차트추세와 함께 핵심적인 체크포인트가 바로 PER을 높게 유지할 수 있느냐다. 항상 관심을 갖고 집중하기 바란다.

🖥 주가의 또 다른 구성요소 PBR과 BPS

성장하는 섹터에 대해서는 이처럼 PER배수가 높게 적용되거나 낮게 적용되는 것이 매우 중요한 포인트가 되지만, 경기민감업종의 경우 PER이 낮게 적용될 수밖에 없는데 이는 이익의 변동성이 크기 때문이다. 경기사이클에 따라 매출과 이익의 변동성이 커서 사이클 저점에서는 대규모 적자가 발생하기도 하기 때문에 이익잉여창출에 의한 안정적 자본증가와 이익의 복리효과가 나타날 수 없다는 한계 때문이다.

이에 따라 주가의 등락폭도 매우 크게 전개된다.

$$주가 = PER \times EPS$$

PER이 원래 낮게 적용되어 EPS의 증감이 주가에 중요한 요소가 되는데 특히 이익이 적자로 전환하기도 한다. 화학, 철강, 조선, 건설, 기계 등과 IT도 이런 흐름에 속한다.

적자 구간에 접어들면 주가의 하단부를 지지할 수 있는 바닥권의 가치, 시가총액의 바닥을 어디에서 이룰 것이냐도 중요한 부분이다.

이런 경우에 보통 PBR, 즉 주가와 자산가치를 비교하게 된다.

$$주가 = PBR \times BPS$$

즉 실적이 악화되어도 해당기업의 자산이 어느 정도 하단부의 가치를 지지할 것
으로 보기 때문에 PBR배수의 하단까지 내려오면 주가는 점차 저점을 잡아나가
려는 속성을 보인다. 물론 이익감소가 크면 이런 지지력도 한계가 있다.

경기민감주로써 가장 민감한 사이클을 타는 화학업종의 대표기업 〈롯데케미
칼〉의 사례를 살펴보자. 〈롯데케미칼〉은 경기호황기에는 가장 먼저 저점을 치고
올라오는 주식이지만 이익증가를 반영할 뿐 PER배수는 약간의 상승만을 보여준
다. 아무리 이익이 늘어도 결국 경기사이클이 꺾이면 이익감소와 적자 가능성은
여전하기 때문이다.

즉 〈롯데케미칼〉의 주가상승기 주가의 결정요소는 PER과 EPS의 배수의 곱으

차트 15-5 **롯데케미칼 일봉**

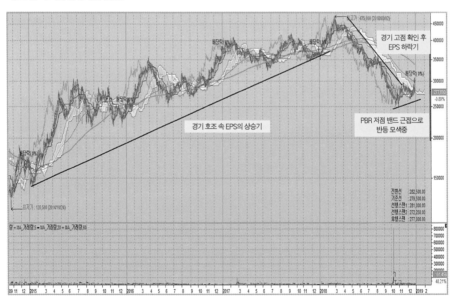

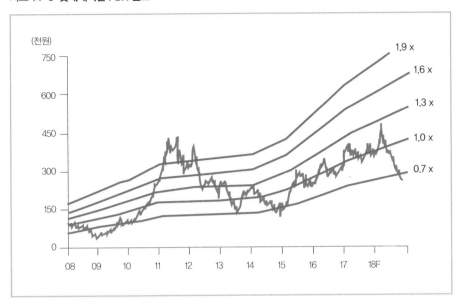

로 나타낼 수 있으나 EPS의 증가폭이 좀 더 큰 영향을 끼친다. 경기고점에서 하락할 때도 EPS의 하락폭이 결정적이다. 그러나 주가가 충분히 하락하여 PBR밴드상의 하단부로 이동하면 점차 하방경직성이 나타나기 시작한다.

경기민감기업의 하단부는 PER과 EPS의 곱보다는 PBR과 BPS(주당순자산)의 곱이 중요한 영향을 미친다고 볼 수 있겠다. 위의 차트는 〈롯데케미칼〉이 역사적인 밴드 하단까지 PBR이 이동했음을 보여주고 있다.

또 하나의 경기민감기업인 철강업종의 대표기업 〈포스코〉를 살펴보자.
마찬가지로 경기상승 사이클 구간에서는 EPS의 증가로 주가상승이 강하게 진행되지만 PER의 배수 상승은 매우 제한적 수준에 그친다. 주가 하락기에도 PER의 하향도 있지만 EPS 전망 약화가 큰 영향을 준다.

차트 15-7 포스코의 PER 밴드

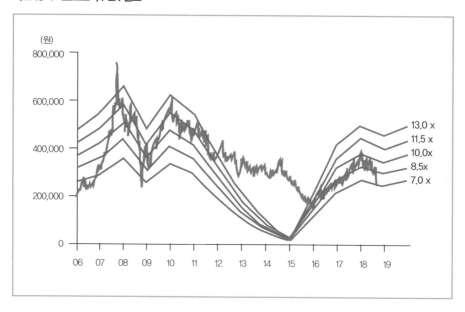

차트 15-8 포스코 일봉

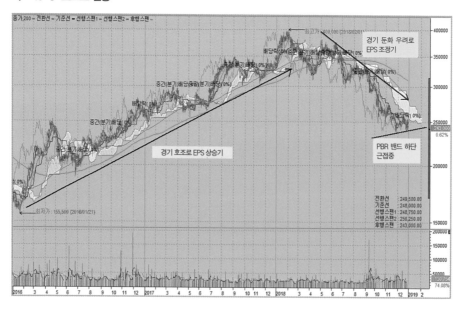

앞 페이지 차트에서 포스코의 PER밴드를 보면, 최근 4~5년 동안 7~10배 수준을 오가는 등 진폭이 매우 제한되고 PER도 낮게 적용됨을 확인할 수 있다. 그러나 주가의 진폭은 비교적 크게 나타난다.

주가가 40만원에서 24만원까지 추락하여 40%나 하락한 것은 결정적으로 EPS의 하락이 큰 영향을 끼쳤다고 볼 수 있다. 그러나 주가가 점차 PBR 밴드하단에 근접함에 따라 지지력을 확인하는 과정으로 전개되고 있다.

즉 경기방어적이거나 이익안정성이 높은 기업들의 PER은 높게 형성되고 경기민감주는 사이클의 요동이 심해 이익안정성이 상대적으로 떨어지고 심지어 적자도 발생하기 때문에 PER이 구조적으로 높게 적용되기 어렵다.

이는 한국만의 현상이 아니고, 현 시점에만 나타나는 현상도 아니다. 이런 PER이나 PBR의 적용배수는 글로벌 경쟁기업들에도 유사한 수준으로 나타난다. 업

차트 15-9 포스코의 PBR 밴드

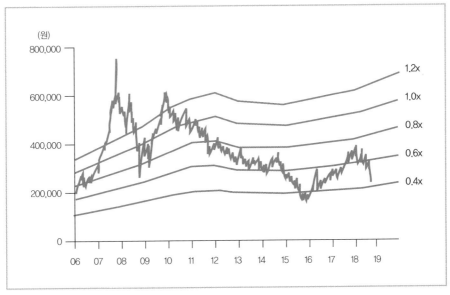

종, 섹터의 성격에 따라 글로벌 가치평가가 비슷하게 이루어지는 셈이다.

그러나 동일한 기업이나 업종도 어느 시기에는 성장기대감이 커져 경기민감업종임에도 PER이 높게 형성되기도 하는데, 〈포스코〉도 과거 중국의 본격적인 인프라 확충기에 철강수요 증가 기대감으로 성장기대치가 올라감에 따라 PER이 한때 13배까지 치솟았음을 볼 수 있다. 그러나 결국 PER의 최고 배수도 13배로 화장품이나 전기차, 제약바이오의 20~40배 수준보다는 훨씬 낮은 수준에 머무른다.

🖳 역사적(Historical) PER과 주가의 예측

PER이나 EPS, PBR을 통해 주가가 구성된다는 비교적 단순한 접근법을 소개했다. 이를 개념적으로 설명한 이유는 업종, 기업마다 주가를 바라보는 논리와 접근법을 달리해야 하며 단순히 차트나 수급만 바라보는 단순하고 획일적인 잣대로 기업을 무차별적으로 평가하고 접근하면 낭패를 볼 수 있기 때문이다.

특히 경기민감업종은 우량주 하라더라도 경기고점을 치고 나면 투자자들이 상상하는 것보다 훨씬 장기간 조정과 함께 큰 낙폭을 보여준다. 이것이 경기민감주의 특징이고 또한 위험성이다. 따라서 경기민감업종은 반드시 이익의 최고점, 사상 최대이익을 운운하며 시장이 흥분할 때 매도를 고려하여야 한다.

특히 실적 급증으로 목표가 상향이 이어지고 상당 기간 진행된 호황기와 주가 랠리에도 더 가야한다는 논리가 횡행할 때, 증설이 발표되고 인수합병 등으로 대중들의 기대감이 한껏 올라갔을 때, 그 시점이 대부분 매도해야 할 타이밍이다. 경기민감업종은 사이클의 피크에서 PER도 가장 낮고 사상최대이익을 달성하곤

하기 때문에 그 시기를 지나면 실적피크를 치고 급속도로 투자심리가 냉각되거나 이익이 감소할 가능성이 높다.

이처럼 기업의 가치는 성장주인가, 경기민감주인가에 따라 논리가 확연하게 다르다. 이익을 창출하는 사이클이나 이익의 안정성도 많이 차이가 나고 전방산업의 흐름에 따라 성장주의 PER도 요동칠 수 있음을 〈아모레퍼시픽〉이나 〈일진머티리얼즈〉를 통해 볼 수 있었다. 또 〈포스코〉 등을 통해 경기민감주도 인프라 투자기대감 등 전방산업 효과가 나타날때는 PER의 배수가 상향조정될 수 있다는 점도 확인했다.

그렇다면 이렇게 고무줄처럼 변하는 PER배수를 어느 수준에 놓고 미래의 주가를 추정할 것인가? 물론 분석가에 따라 자신이 예상하고 제시하는 PER배수가 있다. 이는 주관적인 전망이다. 투자자들은 분석가마다의 편차를 극복하기 위해 평균화와 객관화를 통한 오류 축소를 추구한다. 이를 위해 보통 역사적(Historical) PER을 산출하여 적용할 수 있다.

역사적 PER은 과거 해당기업이나 업종, 섹터에 적용되어온 주가수익배수(PER)를 해마다 바뀌는 변동성을 평균화하여 최근 5년 평균 PER배수나 3년 평균 PER배수를 해당기업의 적정 PER로 적용한 후 미래의 EPS추정치와 곱하여 객관화된 목표주가를 산출할 수 있다.

이를 식으로 표현하면 다음과 같다.

역사적 PER과 비교

| 5년
평균
PER | ✕ | 6개월
예상
EPS |

물론 이는 투자자마다 자신이 합리적이라고 생각하는 기간에 걸쳐 PER의 평균 산출 기간을 3~5년 등으로 할 수 있고 예상 EPS 추정 기간도 6개월에서 1년 등으로 다양화할 수 있다.

16장

기업의 이익전망과
주식투자 예상수익률

앞서 소개한 주가구성 요소를 적용하면 기업의 예상 EPS 증가율과 투자자의 투자기간, 해당기업의 ROE 등을 직접 대입하여 주식투자 기간수익률을 어느 정도 예상할 수 있다. 즉 미래의 주가예측이 이론적으로 가능해진다는 것이다.

이를 식으로 나타내면 다음과 같다.

EPS와 PER, ROE와 목표주가
목표주가 = EPS*(1+ROE)^N년*PER
해당기업의 EPS를 구한다
지난 3~5년 간 ROE의 평균을 구한다
역사적 PER, 즉 3~5년 평균PER을 구한다
PER이 없으면 PBR이나 EV/EBITA를 적용한다

기업의 EPS 증가율이 ROE만큼 증가한다면 N년 후 그 기업의 주가는 역사적 PER을 곱하여 어느 정도 산출해 볼 수 있다는 것이다. 이것이 투자자들이 미래 주가예측을 개략적으로 해볼 수 있는 모형이다.

예를 들어 〈삼성전자〉의 ROE와 PER의 평균이 미래에도 유효하다는 전제 하에서 〈삼성전자〉의 주가를 예측해 볼 수 있다. 액면분할 전 〈삼성전자〉의 주식수와 EPS를 기준으로 미래 목표주가를 추정해보았다.

삼성전자의 목표주가 예측
목표주가 = EPS*(1+ROE)^N년*PER
현재 EPS를 구한다 → 12만원
지난 3~5년 간 ROE의 평균 → 15%
역사적 PER → 12배
3년 후 주가는?
목표주가 = 12만원*(1+0.15)^3*12 → 219만원

물론 반도체나 스마트폰 시장의 경기 부침에 따라 PER이나 ROE가 변화할 수 있어 역사적 평균값을 적용하여 오류를 완화하고자 했다.

기술적 분석과 기업가치의 균형점은 어디인가?

주가차트를 통한 기술적 분석은 독자적으로 고점이나 저점의 정보를 알려주는데 부족함이 많다. 물론 추세이탈이나 지지라인 붕괴 시 매도, 매수시그널을 주는 알고리즘의 신호가 있다면 매수 등 기술적 분석만으로도 견고하고 지속적인 수익을 추구할 수 있다.

그러나 시장환경이 변함에 따라 어느 시점에는 잘 맞던 기계적 시그널이나 프로그램도 시간이 지나면 점차 수익보다 손실이 나기 시작하고, 그로 인해 알고리즘, 즉 매매조건을 다시 부여하지 않으면 안 된다. 그만큼 시장은 참여자와 등락의 변수가 많아 확실한 수익을 낼 매매조건이 수립되기 어려운 것이다.

기업이익과 EPS, ROE 등 이익을 창출하는 요소를 수치로 개략적으로 뽑아보고 기술적 분석을 동시에 진행하면 두 개의 수렴점이 일치하게 된다는 가정 하에서 시장을 분석해 보기 바란다.

즉 기업의 이익변동성, 기업의 주가나 시가총액을 좌우하는 요소를 반영한 미래의 목표주가와 차트분석을 통해 수렴한다고 볼 수 있는 차트상 수렴의 목표치를 동시에 고려하면 투자의 방향에 오류를 많이 줄일 수 있을 것이다.

17장

개인투자자의 종목선정과
포트폴리오 전략

증시는 외국인의 참여로 더욱 글로벌화되고 실시간으로 미국 등 주요 금융시장의 중요 이슈나 경제지표, 정책들이 국내증시에 곧바로 영향을 주는 지나치게 효율화된 시장으로 발전하였다.

특히 수출국가인 한국의 위상도 높아졌지만 무역전쟁 등의 이슈와 환율조작국 감시, 4차산업혁명 같은 새로운 화두가 미치는 변동성도 더욱 커지고 있다. 더구나 자본재산업의 강국이었던 일본으로부터 조선, 철강, 기계, 화학 등에 이어 전기전자까지 점유율을 대거 넘겨받은 한국경제가 이제는 중국의 제조2025에 의한 추격으로 고심에 빠지고 있다.

인구노령화로 일자리나 노동가능인구, 국가 전체의 GDP에 대한 우려도 커지는 게 사실이다. 갈수록 중요한 투자포인트는 ROE로 귀결될 것으로 보인다. 각개 기업은 안정적 ROE를 통해 계속기업으로서 성장가능성을 보여줄 수 있어야 하고 투자자들은 이를 통해 주식투자수익을 지속적으로 확장할 수 있다.

과거 성장산업이 이제는 점차 레드오션으로 거센 글로벌 경쟁에 내몰리고 새로운 융복합산업들이 떴다가 사라지기를 반복하고 있다. 이에 따라 시대적 조류를 좀 더 잘 파악하고 그 조류에 맞는 투자를 해나가야 할 것이다.

개인투자자들은 위험대비 수익이 높은 위험가중 수익률(RAROC, Risk adjusted

return on capital)의 관점에서 접근하는 안정적 포트와 미래의 이익가속력이 높을 것으로 보이는 다소 변동성이 큰 성장섹터 투자를 병행할 필요가 있다.

개인투자자들의 투자종목은 너무 많아지면 펀드나 마찬가지로 백화점이 되어 시장변동에 빠르게 대응할 수 없게 된다. 즉 종목은 압축하여 최대 10종목 이상으로 확대되지 않도록 하는 게 좋다. 그 이상의 투자종목이 필요하다면 펀드에 가입하는 게 합리적이다. 종목 수가 늘어날수록 투자수익률은 지수와 비슷해지기 때문에 종목 수 증가가 불가피할 경우 펀드에 가입하는 것이 차라리 낫다고 본다.

단기 매매종목과 중장기 매매종목을 따로 구분하여 매매할 필요성이 있는 시기가 있다. 주로 변동성이 크게 확장된 시기로 단기매매가 중장기투자보다 유리한 구간이기 때문이다. 변동성이 큰 시기에는 회전율을 높이면서 모멘텀 투자를 잘 행할 경우 높은 수익을 거둘 확률이 높아진다.

그러나 시장이 대세상승으로 접어들면 단기매매의 효율성은 매우 약해지고 오히려 중장기로 잘 뿌린 씨앗들이 순식간에 큰 복리효과로 높은 수익을 선사하곤 한다. 특히 잦은 매매는 세금이나 수수료의 부담과 잦은 매매로 인한 확률적 성공이 언제까지나 지속되기 어렵기 때문에 장세 변동성이 심한 구간이 아니면 잦은 단기매매는 결국 투자자에게 좋지 않은 매매습관을 남기고 비용의 부담을 이겨내지 못해 결국 중장기 투자자에게 수익률 면에서 크게 뒤지는 결과를 가져온다.

그러나 아무리 좋은 중장기투자 종목도 지수의 예기치 않는 변동에 노출될 수 있다. 한국은 과거부터 지정학적 리스크가 크고, 비산유국으로서 유가변동에 취약하며, 수출국가로서 글로벌 경기변동에 매우 민감하게 움직였다.

투자자금이 일정 규모 이상인 경우에는 주식과 함께 물가연동채권이나 달러화, 금 등에 대한 투자, 그리고 신흥국의 변동성을 방어할 수 있는 선진국 ETF를 투자대안으로 일부 담는 전략도 동시에 고려해야 한다.

디 인베스팅 THE INVESTING

인쇄 2020년 08월 20일
발행 2020년 09월 10일

지은이 박완필
펴낸이 박현

펴낸곳 트러스트북스
등록번호 제2014 - 000225호
등록일자 2013년 12월 3일
주소 서울시 마포구 성미산로1길 5 백옥빌딩 202호
전화 (02) 322 - 3409
팩스 (02) 6933 - 6505
이메일 trustbooks@naver.com

값 16,000원
ISBN 979-11-87993-75-9 03320

믿고 보는 책, 트러스트북스는 독자 여러분의 의견을 소중히 여기며,
출판에 뜻이 있는 분들의 원고를 기다리고 있습니다.